Von Alraune bis Zentaur

Ein Harry Potter Lexikon

von

Falk N. Stein

mit Illustrationen von

Christof

Düsseldorf Dettelbach

ALBATROS

J.H. Röll

Die Deutsche Bibliothek — CIP-Einheitsaufnahme
Ein Titeldatensatz für diese Publikation ist bei Der Deutschen Bibliothek erhältlich

Albatros Verlag, Düsseldorf

Druck und Verarbeitung: Wiener Verlag, A-Himberg
ISBN 3-491-96016-9

Von Zauberern, Schokofröschen und Hausschlüsseln

Glauben Sie auch, daß Ihre Hausschlüssel unauffindbar sind, weil Sie sie verlegt haben? Die Erklärung ist viel einfacher: Irgendein Spaßvogel hat sie mit einem Schrumpfzauber belegt und nun sind sie so winzig, daß sie einfach verschwunden sind. Sie müssen selbst entscheiden, welche Erklärung Ihnen einleuchtender erscheint. Aber überlegen Sie gut. Wollen sie wirklich zu den phantasielosen Dursleys gehören?

In den Geschichten von Harry Potter ist Zaubern so normal wie Telephonieren. Die Welt der Hexen, Werwölfe und Drachen ist nicht irgendwo weit weg oder in einer fernen Vergangenheit, sondern hier und jetzt, neben und um uns – und in uns. Aus Muggelfamilien können Zauberer geboren werden und aus Zaubererfamilien ganz normale Muggels. Die Grenze liegt nicht im Blut, sondern in den Köpfen, nicht im Schicksal, sondern in dem, wofür wir uns entscheiden.

Von unserer Alltagswelt aus betrachtet ist die Zauberwelt die der Phantasie, des Spiels und der Träume. Nichts ist wie es scheint, alles kann auch anders sein: Bilder sind Türen, Ratten sind Menschen und leere Tagebücher sind heimtückische Fallen. Weil alles wandelbar ist, sind auch alle Dinge belebt. Wenn Bücher beißen, Teekannen herumlaufen und Türen diskutieren, dann finden wir uns bei Alice im Wunderland wieder und das ist eine Seite des Erfolges.

Von der Zaubererwelt aus gesehen ist das alles normal und gehorcht klaren Gesetzen. Daher kann man Zaubern lernen, wie Lesen und Schreiben. Die Lehrer und das Ministerium wachen darüber, daß man keinen Unsinn anstellt, und wer selbst einmal in einer Schule war, wird in Hogwarts sofort zu Hause sein. Daher ist diese Welt uns nicht wirklich fremd, wir lernen nur Jahr für Jahr, uns sicherer in ihr zu bewegen, und das ist die andere Seite des Erfolges.

Wenn man etwas wissen will, dann macht man es wie Hermine und schlägt im Lexikon nach. Deshalb gibt es dieses Buch. Wer neu in die Welt von Harry Potter einsteigt, findet hier einen Wegweiser, mit dem er sich zurechtfindet. Und wer schon begeisterter Zauberlehrling ist, kann seinem Gedächtnis auf die Sprünge helfen, um für das nächste Abenteuer gerüstet zu sein. Wer war nochmal Mrs. Figg? Was hat es mit den Vorhersagen von Trelawney auf sich? Und was ist eigentlich ein Squib?

Und falls Sie noch nicht wissen, in welchem Jahr Harry Potter geboren ist – schauen Sie nach, möglicherweise sind Sie genauso alt wie er.

Von

Alraune

bis

Zentaur

Affodillwurzel, ergibt zusammen mit Wermutaufguß ein starkes Schlafmittel. Auch bekannt als „Trank der Lebenden Toten“ (I 153).

Alraune, oder Mandragora, ist eine mächtige Zauberpflanze. Sie kann Verwandelte oder Verfluchte in ihren ursprünglichen Zustand zurückversetzen, aber ihr Schrei ist tödlich (II 96). Das Besondere an ihr ist ihr menschlicher Körper, der sich anstelle von Wurzeln unter der Erde befindet. Die überirdischen Blätter wachsen aus dem Kopf heraus. Alraunen machen in der Pflanzschule einigen Ärger, erst wollen sie nicht aus der Erde heraus und dann weigern sie sich, wieder hineingesetzt zu werden. Bevor man sie für einen Zaubertrank verwendet, müssen sie erwachsen sein, was ein paar Monate dauert. Zum Glück hat Prof. Sprout in ihrem Gewächshaus bereits eine Alraunenzucht angelegt, so daß die vom Basilisken versteinerten Schüler gerettet werden können.

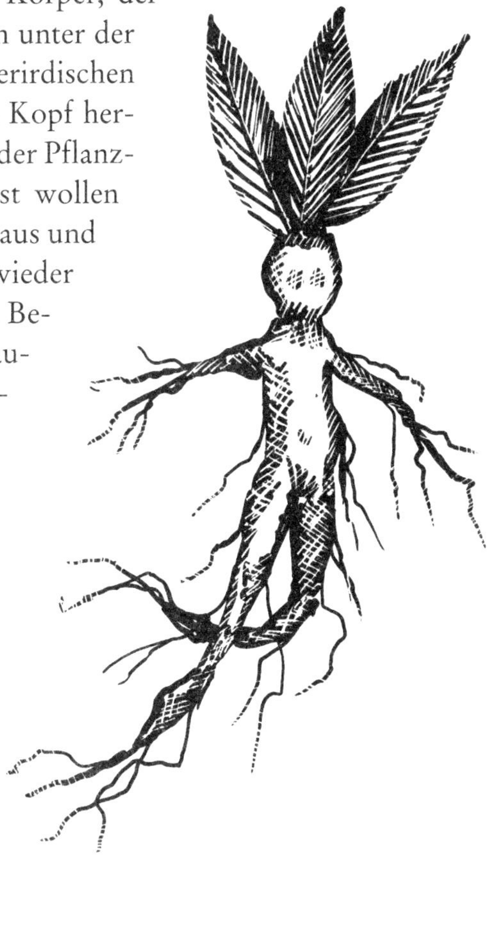

Animagi, sind Zauberer, die sich beliebig in Tiere verwandeln können (III 115). Es ist eine ziemlich seltene und schwierige Kunst. Das Ministerium hat eine Liste der Zauberer und Hexen, die sie beherrschen und behält sie mit gutem Grund genau im Auge (III 364). Drei allerdings sind bisher unerkannt geblieben: Sirius Black (wird zu einem schwarzen Hund), Peter Pettigrew (zu einer Ratte) und James Potter (zu einem Hirsch). Sie erlernten diese Kunst, um ihrem Freund Lupin beizustehen, wenn er sich zum Werwolf verwandelte (III 367). Pettigrew, der schließlich die Potters an Voldemort verraten hat, tauchte in seiner Rattengestalt bei den Weasleys unter.

Apparieren, ist die Kunst, aus dem Nichts zu erscheinen (III 171), *Desapparieren* wieder zu verschwinden.

Aragog, ist eine riesige Monsterspinne, die zusammen mit ihrer „Familie“ im Verbotenen Wald haust (II 285ff.). Ihr Kopf ist mit vielen, nun blinden Augen und messerscharfen Greifzangen bestückt. Zur gleichen Zeit als die Kammer des Schreckens das erste Mal geöffnet wurde, hat Hagrid sie im Schloß großgezogen, daher hielten sie alle für das mordende Ungeheuer aus der Kammer. Sie selbst hat aus Dankbarkeit gegenüber Hagrid nie einem Menschen etwas zu leide getan. Ihre Nachkommen betrachten HP und Ron allerdings als willkommene Frischspeise, als diese im Verbotenen Wald auf sie stoßen. Zum Glück gibt es noch den Ford

Anglia, der sich auch dort versteckt hat und der sich von seiner kämpferischen Seite zeigt.

Askaban, das Zauberergefängnis liegt auf einer Insel im Meer und wird von den Dementoren bewacht. Diese saugen alles Glück und alle Hoffnung aus den Menschen heraus und berauben Zauberer ihrer Kräfte. Ihre Gefangenen sind unfähig zu fliehen, weil sie keine Kraft mehr haben, an die Möglichkeit ihrer Befreiung auch nur zu denken (III 197). Hagrid mußte hier einige Monate verbringen, und Sirius Black hielt 12 Jahre durch, bis er fliehen konnte.

Aufnahmeprüfung, besteht für die Schule in Hogwarts nicht in einem Ringkampf mit einem Troll, wie

Ron befürchtet hatte, sondern im Aufsetzen eines spitzförmigen Zaubererhutes, der entscheidet, in welches der vier Schulhäuser die Erstklässler kommen (I 130ff.). Der Hut erkennt den Charakter und die Fähigkeiten der Schüler. Bei manchen braucht er nicht lange nachzudenken: Malfoy geht nach Slytherin. Bei anderen dauert es etwas länger: ihre Fähigkeiten sind noch verborgen. HP ist kein so eindeutiger Fall: ist da nicht auch etwas von einem Slytherin?

Basilisk, der König der Schlangen (II 298f.). Er entschlüpft einem Hühnerei, das von einer Kröte ausgebrütet wird, und kann eine gewaltige Größe erreichen. Außer den giftigen Zähnen ist auch sein Blick tödlich. Er ist es, der die Kammer des Schreckens bewohnt und von Voldemort

zweimal entfesselt wurde. Nur HP konnte im Schloß seine Stimme hören, da er die Schlangensprache Parsel versteht. Während des zweiten Schuljahres werden einige Schüler, darunter auch Hermine, vom Basilisken versteinert. Zum Glück war sein Blick nicht tödlich, da alle ihm nicht direkt in die Augen gesehen haben, und sie können mit Hilfe eines Alraunentranks wieder belebt werden. HP gelingt es, den Basilisken mit Hilfe des Phönix Fawkes und des Schwertes von Schulgründer Godric Gryffindor zu besiegen (II 327ff.).

Bezoar, ist ein Stein aus dem Magen einer Ziege, der vor den meisten Giften schützt (I 153).

Besen, sind natürlich zum Fliegen da. Im Unterschied zu seinen Problemen mit Zaubertränken ist HP ein Naturtalent im Umgang mit den Fluggeräten. Das bringt ihm schon als Erstkläßler die Mitgliedschaft in der Quidditch-Mannschaft als Sucher (I 167). Die neuesten, schnellsten und schönsten Besenmodelle sind natürlich der Wunschtraum aller Spieler. Leider sind solche Wünsche aber auch sehr teuer.

Bilder, mit Photos oder Gemälden hat es in der Zaubererwelt seine eigene Bewandtnis. Die abgebildeten Personen scheinen dort selbst anwesend zu sein, sie bewegen sich und manchmal verschwinden sie, wenn sie keine Lust mehr haben, sich zu zeigen. Man kann mit ihnen sprechen, und in einer Gallerie, wie an den Wänden des Schlosses von Hogwarts, gehen sie von Bild zu Bild, um sich gegenseitig zu besuchen (III 106).

Binns, Professor, hält so langweiligen Geschichtsunterricht, daß er darüber zum Geist geworden ist (I 147). Nur Hermine gelingt es, ihm einmal etwas Interessantes zu entlocken. Die ungewöhnliche Neugier der Schüler veranlaßt ihn, über die Kammer des Schreckens zu erzählen, obwohl es sich hier — wie er ausdrücklich betont — um Legenden und nicht um harte Geschichtsfakten handelt (II 157).

Black, Sirius, ist der wohl berüchtigste Gefangene von Askaban (III 42f.). Bevor er verhaftet wurde, soll er mit einem einzigen Fluch 13 Menschen getötet haben. HP erfährt von seinem Ausbruch während der Sommerferien vor seinem dritten Schuljahr. Wegen der Gefährlichkeit von Black hat sich das Zaubereiministerium entschlossen, auch den Premierminister der Muggels zu informieren, um die Bevölkerung zu warnen. Wobei die natürlich nicht erfahren soll, daß hier ein verrückter Zauberer sein Unwesen treibt. Unter den Gefangenen von Askaban war er eine Ausnahme. Während alle anderen verrückt werden, schien er völlig klar zu sein, obwohl er am strengsten bewacht wurde (III 218).

Er soll einer der treuesten Anhänger von Lord Voldemort gewesen sein. Alle anderen haben nach dessen

Verschwinden einen Rückzieher gemacht, nur Black nicht. Es scheint so, daß er ausgebrochen ist, um HP zu töten. Vielleicht glaubt er, damit Voldemort an die Macht zurückzubringen (III 71f.).

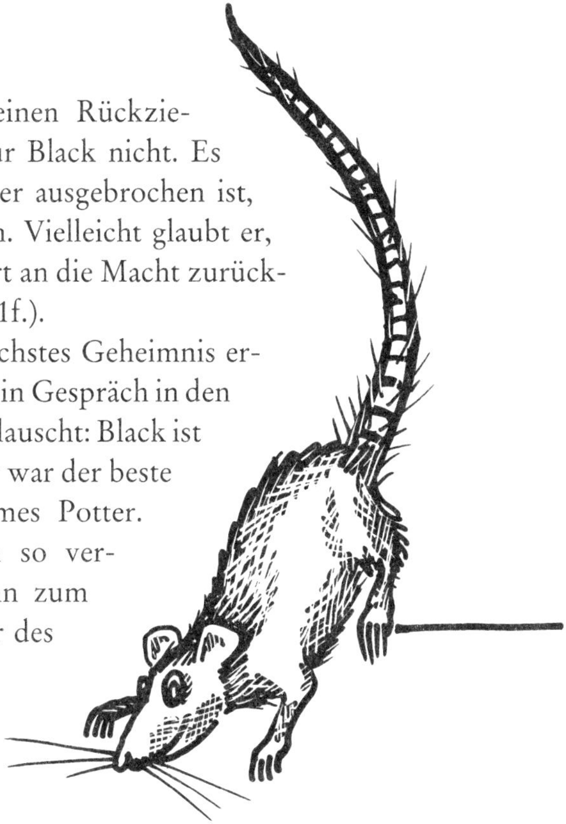

Sein schrecklichstes Geheimnis erfährt HP, als er ein Gespräch in den „Drei Besen“ belauscht: Black ist sein Pate, und er war der beste Freund von James Potter. Dieser hat ihm so vertraut, daß er ihn zum Geheimnisträger des Fidelius-Zaubers gewählt hat. Das bedeutete, solange Black nichts sagt, wäre es Voldemort nie möglich gewesen, das Versteck der Potters zu finden. Also mußte Black ein Verräter gewesen sein und bereits auf Voldemorts Seite (III 213ff.).

Black ist es gelungen, in Hogwarts einzudringen, und er scheint mehrmals versucht zu haben, an HP heranzukommen. Als dieser ihm aber endlich von Angesicht zu Angesicht gegenübersteht, erfährt er eine ganz andere Geschichte: nicht Black ist der Verräter, sondern Peter Pettigrew, der ebenfalls mit James Potter befreundet war (III 360ff.). Black hatte sich in letzter

Minute entschlossen, daß Pettigrew der Geheimnisträger werden sollte, um Voldemort auf eine falsche Fährte zu locken. Doch Pettigrew war ein Spion des Schwarzen Lords. Als Black ihn gestellt hat, hat dieser das Massaker angerichtet, um sich in eine Ratte verwandeln und fliehen zu können. Sirius Black kam nach Askaban, wo er nur überlebt hat im Bewußtsein, unschuldig zu sein, und weil er sich in einen Hund verwandeln konnte, dessen Gefühle den Dementoren nicht so ausgeliefert sind (III 383).

In Gestalt des Hundes gelingt es ihm auch, aus Askaban zu fliehen, als er erkannt hat, daß Pettigrew in Rons Ratte verwandelt in HP's Nähe in Hogwarts ist. Dort kann er den Verräter mit Lupins Hilfe stellen, aber Pettigrew entkommt, und so gibt es keinen Beweis für Blacks Unschuld. Er muß untertauchen und warten, bis sich Pettigrew wieder zu erkennen gibt. Auch HP muß sich nun noch gedulden, bis Black die ihm zugedachte Vormundschaft ausüben kann und ihn von den Dursleys befreit.

Der **Blutige Baron**, ist der Hausgeist von Slytherin (I 137). Daß die Blutflecke auf seinem Gewand silbern sind, könnte auf einen Einhornschlächter schließen lassen, und es wundert nicht, daß die anderen ihn meiden (II 139).

Borgin und Burkes, ist ein Geschäft mit Utensilien für die dunklen Künste: böse Masken, menschliche Knochen, Henkerstricke (II 53). HP gerät hier hinein, weil er bei seiner ersten Reise mit Flohpulver den falschen Kamin erwischt hat. Was für eine Überraschung, als er versteckt beobachten kann, wie Lucius Malfoy dem Besitzer einige verbotene Gifte zum Kauf anbietet.

Briefe, können Rechnungen enthalten, Mahnungen, Liebesschwüre oder die Aufforderung, sich bei der Zaubererschule einzufinden. Der erste Brief, den HP erhält, ist von letzterer Art (I 41):

„Mr. H. Potter
Im Schrank unter der Treppe
Ligusterweg 4
Little Whinging
Surrey“

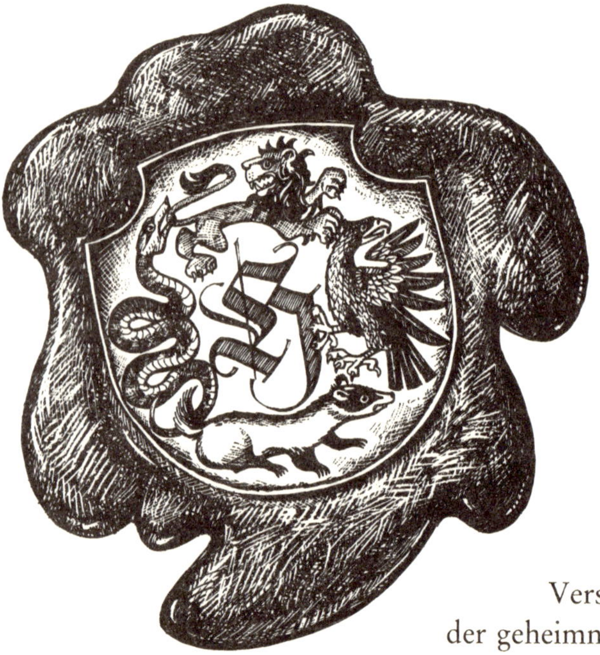

Verschlossen ist der geheimnisvolle Brief mit einem seltsamen Siegel, in das ein Wappen eingeprägt ist: ein Löwe, ein Adler, ein Dachs und eine Schlange, im Kreis um ein H.

Leider wird er von Onkel Vernon abgefangen und vernichtet, in der Hoffnung, daß der Absender sein Vorhaben aufgibt. Aber einer Einladung zur Schule kann man nicht entkommen. So wird das Haus im Ligusterweg 4 von Briefen überschwemmt, die selbst in so ungewöhnlicher Verpackung wie 24 Eiern zugestellt werden. Auch das Verbarrikadieren von Fenstern und Türen hält den unbekannten Postboten nicht ab. In seiner Verzweiflung flüchtet Mr. Dursley mit der Familie aus dem Haus und glaubt sich schließlich in einer Hütte auf einem einsamen Felsen in tosender See sicher (I 38-

53). Ein Trugschluß, denn Rubeus Hagrid ist nicht aufzuhalten.

Aber auch unangenehme Nachrichten kommen prompt mit der Eulenpost, z.B. ein Verweis, wenn man gegen den „Erlaß zur Vernunftgemäßen Beschränkung der Zauberei Minderjähriger" verstoßen hat (II 25), oder die sogenannten Heuler, äußerst peinliche und laute Strafpredigten.

Brown, Lavender, gehört zu den Gryffindors und ist ein Fan von Professor Trelawney.

Bücher, handeln bei den Zauberern natürlich von magischen Themen. Aber nicht alle sind so gewichtig wie der „Aufstieg und Niedergang der dunklen Künste", denn der Alltag will ja auch bewältigt sein, etwa mit „Magie beim Backen" oder „Festessen in einer Minute".

Wie alles in der Zauberwelt haben sie eine eigene Seele, und verbotene Bücher mögen es nicht, wenn sie ein Unbefugter lesen will. Das bekommt HP zu spüren, als er in der Schulbibliothek nach Nicolas Lamel sucht. Das gellende Schreien des Buches schlägt ihn in die Flucht (I 225). Man sollte aber auch sonst darauf achten, was man liest. Andernfalls kann es passieren, daß man für den Rest des Lebens in Limericks spricht, wie jeder, der sich in die „Sonette eines Zauberers" vertieft hat (II 239). Es gibt auch Bücher, die das sind, wovon sie handeln, z.B. das „Monsterbuch der Monster", das ziemlich unangenehm zubeißen kann (III 16f.). Warum

kommt auch niemand auf die Idee, daß es bloß gestreichelt werden will?

Cadogan, Sir, ist ein etwas verrückter Ritter auf einem Gemälde in Hogwarts. Er wandert von Bild zu Bild, um ruhmreiche Taten zu begehen. Leider ist er eher ein Don Quijote. Eine wichtige Aufgabe erhält er, als er vorübergehend den Zugang zu Gryffindors Räumen bewachen muß, weil Sirius Black das Porträt der Fetten Dame zerstört hat (III 174f.). Bedauerlicherweise ist er verrückt genug, Black später hereinzulassen, was ihn seinen Job kostet.

Chang, Cho, Sucherin bei den Ravenclaws (III 265). Sie arbeitet zwar auch mit verbotenen Tricks, ist aber ansonsten ganz nett.

Clearwater, Penelope, von den Ravenclaws, ist die Freundin des Schulsprechers Percy Weasley (III 75).

Crabbe, Vincent, ist einer der beiden ständigen Begleiter von Draco Malfoy. Kräftig, aber mit wenig Hirn, scheint seine Hauptaufgabe darin zu bestehen, Dracos Befehle auszuführen (III 85).

Creevey, Colin, ist eine ziemliche Nervensäge. Er bewundert HP und versucht andauernd, ihn mit Fragen zu löchern. Wenn ein HP-Fanclub eröffnet werden sollte, sind er und Ginny Weasley sicher die ersten Mitglieder (II 104). Mit seinem Photoapparat liegt er ständig auf der Lauer, um einen Schnappschuß von HP zu ergattern. Der unglückliche Creevey ist das zweite Opfer nach Mrs. Norris, das vom Basilisken versteinert wurde (II 188). Aber auch er kann durch den Alraunensaft gerettet werden.

Dementoren, so heißen die Wachen von Askaban. Grauenerregende Wesen, groß, in schwarze Kapuzenumhänge gekleidet und mit der aufgedunsenen, fahlen Haut einer Wasserleiche. Sie verbreiten eine eisige Kälte um sich herum. Wo die Dementoren sind, vernichten sie alles Glück und alle Hoffnung, denn sie näh-

ren sich davon, bis ihren Opfern nur noch die schlimmsten Erinnerungen und Gefühle bleiben. Die meisten Gefangenen in Askaban werden verrückt (III 196f.). Kaum jemand, der das Gesicht eines Dementors gesehen hat, kann noch darüber berichten, denn sie nehmen ihre Kapuzen nur ab, um ihre schlimmste Waffe einzusetzen: den Kuss des Dementors. Dabei saugen sie dem Opfer die Seele aus, und es bleibt zwar lebend, aber als leere Hülle zurück (III 257f.).

Bei der ersten Begegnung mit einem Dementor glaubt HP flehende, angsterfüllte Schreie zu hören und in einem Strudel zu versinken, der ihm die Sinne raubt (III 89). Als er die Stimme ein zweites Mal vernimmt, wird ihm klar, daß es sich um die letzten Worte seiner

Mutter handelt, die ihn vor Voldemort zu schützen versucht (III 187, 193). Leider werden Dementoren in Hogwarts postiert, um Sirius Black zu fangen. Damit er sich vor ihnen schützen kann, lernt HP den Patronus-Zauber von Professor Lupin.

Diggel, Dädalus, aus Freude über Voldemorts Sturz läßt er ganze Schauer von Sternschnuppen über England niedergehen (I 15).

Diggory, Cedric, ist in HP's drittem Schuljahr der neue Kapitän der Quidditch-Mannschaft von Hufflepuff (III 177). Ein gut aussehender junger Mann, meinen die Damen. Wood macht sich mehr Gedanken darüber, daß er ein sehr guter Sucher ist.

Dippet, Armando, war Schulleiter von Hogwarts, als Tom Riddle dort Schüler war und die Kammer des Schreckens zum ersten Mal geöffnet wurde (II 253). Ihm begegnet HP in den Tagebuch-Erinnerungen von Riddle.

Dobby, ist ein Hauself. Er taucht bei HP in den Sommerferien auf, um zu verhindern, daß er nach Hogwarts zurückgeht. Angeblich gibt es eine Verschwörung, die ihn in Gefahr bringt (II 20). So unterwürfig Elfen auch erscheinen, so tückisch sind sie, wenn sie etwas erzwingen wollen. Und Dobby hat sich nun mal in den Kopf gesetzt, HP im Ligusterweg festzusetzen. Dobbys Hartnäckigkeit ist kaum zu übertreffen: Er läßt die Briefe von HP's Freunden verschwinden, versperrt den Zugang zum Hogwarts-Express und schickt HP sogar einen verrückt gewordenen Klatscher auf den Hals, nur um ihn von Hogwarts fernzuhalten (II 184f.).

Anscheinend sieht Dobby in HP den Hoffnungsträger für die Hauselfen, die wie Sklaven gehalten werden. Unter Voldemort hatten sie noch mehr zu leiden, und HP hat ihn besiegt (II 186). Daher will Dobby ihn vor der Gefahr aus der Kammer des Schreckens schützen, und er weiß von dem geheimnisvollen Tagebuch, das Lucius Malfoy, in dessen Haus er dienen muß, der armen Ginny Weasley zugespielt hat. Sein Vertrauen in die revolutionäre Kraft von HP erweist sich am Ende als berechtigt. Mit einem kleinen Trick und einer stinkenden Socke verschafft er Dobby die Freiheit (II 348).

Drachen, waren einmal beliebte Haustiere, aber der Zaubererkonvent von 1709 hat die Drachenzucht verboten (I 251f.). Sie sind zu auffällig, um sie vor den Muggels zu verbergen und außerdem etwas gefährlich. Dennoch gibt es auch in England noch Wilddrachen, den Walisischen Gründrachen und den Hebridischen Schwarzdrachen.

Verbotenerweise hat Hagrid sich einen Herzenswunsch erfüllt und ein Drachenei ausgebrütet, ein seltenes Exemplar eines Norwegischen Stachelbuckel (I 255). Kleine Drachenbabys vertilgen Unmengen von Schnaps und Hühnerblut. Wenn sie etwas größer sind, bevorzugen sie Ratten. Außerdem wachsen sie rasend schnell, was natürlich ein Problem ist, wenn man sie in

einer Hütte verstecken will. Zum Glück ist Rons Bruder Charlie Drachenforscher in Rumänien und so macht sich Hagrids kleiner Liebling eines Mitternachts auf die Reise in seine neue Heimat (I 262f.).

Drei Besen, ein Wirtshaus in Hogsmeade. Hier gibt es köstliches heißes Butterbier, das einem die Eingeweide durchwärmt (III 209).

Duelle, werden in Hogwarts zum Zweck der Übung in Selbstverteidigung veranstaltet (II 196ff.). Man hält die Zauberstäbe wie ein Schwert und versucht als erster einen Zauberspruch anzubringen, der den Gegner lahm legt.

Dumbledore, Albus, Direktor der Hogwarts-Schule für Hexerei und Zauberei, Träger des Ordens der Merlin erster Klasse, Großzauberer, Hexenmeister etc. (I 59), ist eine ziemlich beeindruckende Erscheinung. Alt, hager, mit krummer Nase, und sein silberfarbiges Haupt- und Barthaar ist so lang, daß er es mit seinem Gürtel bändigen muß (I 13). Wenn er einen über seine halbmondförmigen Brillengläser wohlwollend ansieht, fühlt man sich sicher und gut aufgehoben. Die finsteren Wesen auf der dunklen Seite der Magie sollten sich jedoch besser nicht mit ihm anlegen. Er hat eine Vorliebe für technische Instrumente, von denen sein Arbeitszimmer voll ist, und schon seine Uhr ist ungewöhnlich, ohne Ziffern, dafür mit zwölf Zeigern und kleinen Planeten, die sich rundum bewegen (I 18). Sein Ruhm beruht, wie man auf einer Sammelkarte nachlesen kann, „vor allem auf seinem Sieg über den Magier Grindelwald im Jahr 1945, auf der Entdeckung der sechs Anwendungen für Drachenmilch und auf seinem Werk über Alchemie, verfaßt zusammen mit seinem Partner Nicolas Flamel“ (I 114).

Ihm ist der Entschluß zu verdanken, HP bei den Dursleys aufwachsen zu lassen, gleichsam als Tarnung, bis er alt genug ist für die Zaubererschule (I 20).

Dumbledore ist ein mächtiger Magier, und gegen ihn wagt selbst Voldemort nichts zu unternehmen. Er hat wie alle großen Weisen etwas Kindlich-spielerisches an sich. Anstelle von Büchern, die ihm jeder schenkt, wünscht er sich lieber ein Paar warme Socken (I 234) — wenn es denn wahr ist. Was in ihm vorgeht, weiß niemand so genau. Vielleicht kennt er alle Geheimnisse und hat unsichtbar im Hintergrund alle Fäden in seiner Hand (I 328).

Wie es sich für einen Schulleiter gehört, bewohnt er das interessanteste Arbeitszimmer in Hogwarts. Dorthin gelangt man über eine selbstdrehende Wendeltreppe, die hinter einem Wasserspeier versteckt ist (II 213f.). Der runde Raum ist mit geheimnisvollen Geräten gefüllt, die vor sich hinarbeiten. Der Sprechende Hut ist hier verwahrt, und an den Wänden befinden sich Bilder der früheren Schulleiter.

Als die Kammer des Schreckens wieder geöffnet wird, kommt Dumbledore in ernste Schwierigkeiten. Da er die Angriffe des Monsters nicht verhindern kann, nutzt Lucius Malfoy die Gunst der Stunde und erreicht durch Bestechung seine Beurlaubung als Schulleiter (II 271ff.). Aber Dumbledore verspricht, daß jeder in Hogwarts, der ihn um Hilfe bittet, sie auch bekommen wird. Er hält sein Versprechen: Als HP in höchster Not ist, kommt Fawkes, Dumbledores Phönix, und bestreitet mit ihm den Kampf gegen den Basilisken.

Dursley, Mr. (Vernon) und Mrs. (Petunia), sind die Pflegeeltern von HP. Ein bedauerlich normales Ehepaar, mit einem eigenen prächtigen Jungen — jedenfalls in ihren Augen — namens Dudley. Mr. Dursley, Direktor einer Bohrmaschinenfabrik, ist bullig und groß,

Mrs. Dursley blond und schlank, aber trotz ihres unterschiedlichen Aussehens sind sie sich ganz darüber einig, daß das Leben in geordneten und bürgerlichen Bahnen zu verlaufen hat. Sie hätten friedlich vor sich hinleben können, wären da nicht zwei verhängnisvolle Umstände gewesen. Zum einen die Tatsache, daß Mrs. Dursley eine Schwester namens Potter hat, die sie zwar genauso gern vergessen hätte wie deren Mann und Sohn, aber die Verwandtschaft läßt sich eben nicht einfach wegdiskutieren. Zum anderen die ungewöhnlichen Ereignisse, die Mr. Dursley an jenem trüben Dienstagmorgen begegnen, mit denen alles Unheil begann: Eine die Straßenkarte studierende Katze, Eulen, die in Scharen am hellichten Tag durch die Stadt fliegen, und in weite Umhänge gekleidete Gestalten (I 5ff.).

Als Folge dieser Ereignisse finden sie am nächsten morgen ihren Neffen HP vor der Haustür. Aber Mr. und Mrs. Dursley sind nicht die Leute, die sich dadurch von ihrem geruhsamen Leben abbringen lassen wollen, und es vergehen 10 Jahre erst einmal fast so, als ob HP gar nicht da wäre. Fast, denn einige seltsame Dinge lassen sich nicht übersehen, etwa wenn HP's kurz geschnittenes Haar über Nacht nachwächst oder er unversehens zum Dach des Schulhauses hochfliegt (I 30 f.). HP ist bei seinen Pflegeeltern ungefähr so beliebt wie ein lästiges Insekt und konsequenterweise muß er auch im Schrank bei den Spinnen hausen. An seinem 11. Geburtstag erleichtert Mrs. Dursley ihr Unterbewußtsein, und wir erfahren den Grund für die schlechte Behandlung von HP: Schließlich wurde ihre Schwester Lily als begabte Zaubererin von ihren Eltern geliebt und ihr vorgezogen, und umgekehrt betrachtet sie nun alle Zauberer als Abschaum (I 61).

Als HP die Einladung zur Schule in Hogwarts erhält, läßt sich nicht mehr verleugnen, was die Dursleys gerne vergessen hätten: daß auch HP ein Zauberer ist. Sie ahnen: dies würde Ärger bedeuten — und sie haben recht. Daß HP nun nur noch in den Sommerferien zu Hause sein würde, konnte Ihnen nur lieb sein, aber genau diese Wochen sind wie der Tanz auf einem Vulkan. Könnte HP nicht jeden Moment explodieren und einen gefährlichen Zauber über sie verhängen? Sicherheitshalber schließt Onkel Vernon jegliches Zaubergerät während der Ferien weg, was HP in ziemliche Schwierigkeiten bringt, weil er so seine Hausaufgaben fürs neue Schuljahr nicht erledigen kann. Und Professor Snape, der ihn ohnehin im Visier hat, wird jeden Grund nutzen, ihm eine Strafe aufzubrummen.

Aber es muß ja nicht einmal HP sein, der eine Katastrophe heraufbeschwört. Es genügt ein ungebetener Elf, um einen wichtigen Geschäftsabschluß zum Platzen zu bringen (II 24). Als Onkel Vernon allerdings erfährt, daß Jugendlichen in der Welt der Muggels das Zaubern ohnehin streng verboten ist, geht es HP schlecht: Endlich können die Dursleys ihn wieder ohne Gefahr so schlecht behandeln, wie sie das am liebsten tun. Die Anwesenheit von HP scheint in Mr. Dursley alle finsteren Seiten seiner Seele zum Aufblühen zu bringen. So erweist er sich als brutaler Schwachkopf, dessen krankhafter Haß auf alles Magische nur mit dem der Malfoys auf die Muggels zu vergleichen ist.

Dursley, Dudley, ist der ungeratene Sohn von Mr. und Mrs. Dursley und genauso dick wie sein Vater. Sein fettes, rosafarbenes Gesicht erinnert seine Mutter an einen Engel, HP eher an ein Schwein mit Perücke. Er wird mit Geschenken überhäuft, auch mit solchen, die er überhaupt nicht gebrauchen kann (I 25f.). Dudley liebt es, HP zu schikanieren, bis er eine Lektion von Hagrid bekommt. Zu seinem Schweine-Dasein fehlt ihm nur noch ein Kringelschwänzchen, und das zaubert ihm Hagrid an (I 68). Ein Vorgeschmack auf das, was ihn erwarten wird, wenn er sich mit HP's Zauberkräften einlassen sollte. Von nun an ist er etwas ängstlich.

Dursley, Magdalene, ist die Schwester von Mr. Dursley. Zum Glück lebt sie auf dem Land, wo sie Bulldoggen züchtet, aber wenn sie einen Besuch im Ligusterweg macht, wird es grauenhaft (III 22ff.). Sie ist genauso stämmig und plump wie ihr Bruder und außerdem dürfte sie sich ihren Hunden angeglichen haben. Unsäglich spießig und dumm, hat auch sie natürlich nichts besseres zu tun, als über HP und seine Eltern herzuziehen. Ein schwerer Fehler. Obwohl HP allen Grund hätte, sich zusammenzureißen, verliert er am letzten Tag ihres Aufenthaltes die Geduld, und Tante Magda schwebt, zu einem riesigen Wasserball mit Schweinsaugen aufgeblasen, unter der Decke (III 34). Ein Fall für die „Abteilung für die Umkehr verunglückter Zauberei“ im Ministerium (III 49). Daß die ganze Sache für HP keine ernsthaften Konsequenzen hat, verdankt er der Tatsache, daß Sirius Black ausgebrochen ist und jeder glaubt, daß der es auf ihn abgesehen hat.

Einhörner, hellweiße, reine und zaubermächtige Tiere. Wer sie tötet, ist für immer verflucht. Deswegen werden für Zaubertränke auch nur ihr Horn und die Schwanzhaare verwendet. Ihr Blut aber erhält auch einen Todgeweihten am Leben (I 281). So kann es nichts Gutes bedeuten, als jemand beginnt, Jagd auf die Einhörner im Verbotenen Wald von Hogwarts zu machen. Tatsächlich nährt sich Voldemort eine zeitlang von ihrem Blut, während er hofft, den Stein der Weisen in seine Hände zu bekommen.

Erinnermich, ist eine Glaskugel, die mit weißem Rauch gefüllt ist. Wenn man etwas vergessen hat, färbt sie sich rot. Leider sagt sie einem nicht, was man vergessen hat (I 160).

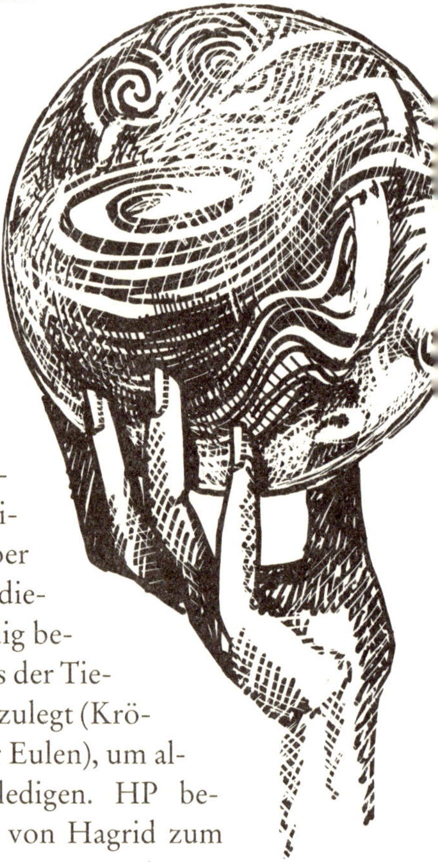

Errol, ist die Eule der Familie Weasley (II 48). Leider ist sie schon ziemlich altersschwach und man weiß nie, ob sie einen Botenflug noch überlebt.

Eulen, überbringen Botschaften oder fliegen Zeitungen aus, mögen es aber nicht, wenn man sie für diesen Dienst nicht anständig bezahlt (I 71). Sie sind eines der Tiere, die sich ein Zauberer zulegt (Kröten, Ratten, Katzen oder Eulen), um allerlei Aufgaben zu erledigen. HP bekommt eine Schneeeule von Hagrid zum Geburtstag (I 91).

Das Überbringen der Post ist in Hogwarts ein allmorgendliches Ereignis: Dutzende von Eulen fliegen beim Frühstück in die Große Halle und verteilen Briefe und Päckchen über die Schüler.

Fahrender Ritter, ist ein Bus für gestrandete Hexen und Zauberer (III 38ff.). Er bringt einen überall hin und ist bequem mit Betten ausgestattet. Allerdings ist der Fahrstil von Ernie Prang, der hinter dem Steuer sitzt, alles andere als geruhsam. Er brettert in einem Affenzahn über die Straßen, wobei er nicht nur rechts und links alles mitnimmt, sondern auch leicht mal 150 Kilometer überspringt. Der Bus ist HP's Fluchtwagen, nachdem er bedauerlicherweise seine Tante Magda zu einem Ballon aufgeblasen hat, und sich nun sowohl vor seinen Pflegeeltern als auch vor dem Zaubereiministerium zu verstecken gedenkt.

Fang, ist Hagrids Jagdhund.

Fawkes, ist Dumbledores Vogel (II 216). Ein Phönix, der im Alter in Flammen aufgeht und aus der Asche wiedergeboren wird. Phönixe sind treue Haustiere, gute Lastträger, und ihre Tränen haben heilsame Wirkung. Fawkes steht HP im Kampf gegen den Basilisken bei. Er blendet die todbringenden Augen der Schlange und bringt HP den Sprechenden Hut, in dem das Schwert von Gryffindor erscheint (II 328). Mit seinen Tränen heilt er schließlich die Wunde, die der Giftzahn des Basilisken in HP's Arm gerissen hat.

Feuerblitz, ist das Spitzenmodell eines Rennbesens (III 56). Der Stil aus Eschenholz ist mit diamantharter Politur veredelt, und die Birkenholzruten des Schweifs sind exakt zugeschnitten und optimal abgerundet. Ein solcher Besen beschleunigt in 10 Sekunden von Null auf 250. Preis: mindestens 500 Galleonen. HP bekommt ihn zu Weihnachten geschenkt. Da aber niemand weiß von wem, besteht Professor McGonagall darauf, daß er erst auf Zauberflüche überprüft werden muß (III 242). Tatsächlich kommt er, wie Hermine befürchtet hatte, von Sirius Black. Nur, verzaubert ist er nicht und Black hat auch nichts Böses im Sinn (III 445).

Fidelius-Zauber, mit ihm wird ein Geheimnis auf magische Weise in der Seele einer Person verborgen (III 214). Solange der Geheimnisträger nichts preisgibt, ist es unmöglich, die so geschützte Tatsache zu entdecken. Lily und James Potter haben ihr Versteck auf diese Weise unauffindbar gemacht, und Voldemort hätte sie nicht entdecken können, selbst wenn er vor ihrem Haus gestanden wäre. Aber Pettigrew, der Geheimnisträger, hat sie verraten.

Figg, Mrs. ist eine Katzennärrin und hat in der Muggelwelt auf Harry aufgepaßt, wenn ihn die Dursleys loswerden wollten (I 39).

Filch, Argus, ist der Hausmeister der Schule von Hogwarts und wie alle Hausmeister unbeliebt. Mit Argusaugen wachen er und seine Katze Mrs. Norris über die

Einhaltung der Regeln (I 146f.). In seinem muffigen Büro hängen noch die Ketten und Fußschellen, mit denen er gern die Schüler kopfüber im Kerker von der Decke baumeln lassen würde (II 131). Leider ist das heutzutage verboten. Wahrscheinlich verbindet Schüler und Hausmeister eine natürliche Feindschaft, aber bei Filch kommt hinzu, daß er ein Squib ist, und deshalb fühlt er sich Zaubererkindern unterlegen, was er an ihnen ausläßt.

Da ihn ansonsten niemand mag, liebt er seine Katze und ist völlig verstört, als sie irgendjemand versteinert hat (II 149). HP war es nicht, wie Filch glaubt, denn hier war Schwarze Magie der bösesten Art am Werk.

Finch-Fletchley, Justin, Schüler von Hufflepuff, wird auch ein Opfer des Ungeheuers aus der Kammer des Schreckens (II 98, 210).

Finnigan, Seamus, ist ein Zimmergenosse von HP in Hogwarts.

Firenze, heißt einer der Zentauren, denen HP im Verbotenen Wald begegnet. Er schützt ihn vor Voldemort und enthüllt ihm dessen Geheimnis, sich mit Einhornblut am Leben zu erhalten (I 282f.).

Flamel, Nicolas, ihn hatte Hagrid in Zusammenhang mit dem Schatz erwähnt, den der dreiköpfige Hund bewacht (I 211). Da er nicht verraten will, wer das ist, suchen HP, Hermine und Ron in den Büchern der Bibliothek nach seinem Namen. Dabei hatte HP ihn doch schon irgendwo einmal erwähnt gefunden? (Nämlich auf der Sammelkarte mit Dumbledore aus einem Schokofrosch (I 114). Hätte er sich das gemerkt, hätte er viel Zeit gespart.)

Nicolas Flamel ist der Partner von Dumbledore und der einzige bekannte Hersteller eines Steins der Weisen. Er ist über 665 Jahre alt und lebt friedlich in Devon mit seiner Frau Perenelle (I 239f.). Da der Stein, der die Herstellung des Elixiers der Unsterblichkeit ermöglicht, vor Voldemort nicht auf Dauer geschützt werden kann, beschließt Flamel, ihn zu zerstören, und so wird sich sein Leben und das von Perenelle dem Ende zuneigen. Aber „für den gut vorbereiteten Geist ist der Tod nur das nächste große Abenteuer“ (I 327).

Flint, Marcus, ist der Quidditch-Kapitän der Slytherins (I 204, II 115).

Flitwick, Professor für Zauberkunst, ist so ein winziger Magier, daß er auf einem Stapel Bücher stehen muß, um über das Pult sehen zu können (I 147).

Flohpulver, wird zum Reisen verwendet (II 51ff.). Man wirft es ins Kaminfeuer und steigt hinein. Der Flammenwirbel saugt einen wie durch ein riesiges Rohr wohin man will. Vorausgesetzt man hat das Ziel deutlich genug ausgesprochen und weiß, in welchem Kamin man aussteigen soll.

Florean Fortescues Eissalon in der Winkelgasse, ist natürlich ein beliebter Treffpunkt für Schüler (III 55). HP erledigt hier während seines Aufenthaltes im „Tropfenden Kessel" seine Hausaufgaben, und Mr. Fortescue als Spezialist für mittelalterliche Hexenverbrennungen kann ihm sogar dabei helfen.

Flourish & Blotts, ist ein Buchladen in der Winkelgasse (I 90). Hier treffen HP, die Weasleys und Grangers auf Gilderoy Lockhart, der gerade seine Autobiographie „Zauberisches Ich" signiert (II 63ff.). Ein eitler Zeitgenosse, der die Gunst der Stunde nutzt, sich mit HP zusammen photographieren zu lassen, um auf die Titelseite des „Tagespropheten" zu kommen. Bei dieser Gelegenheit erfahren sie auch, daß er ihr zukünftiger Lehrer für Verteidigung gegen die dunklen Künste in Hogwarts wird.

Zu Beginn des dritten Schuljahres sind die Verkäufer ziemlich entnervt. Das „Monsterbuch der Monster", für den Unterricht in Pflege magischer Geschöpfe, ist äußerst angriffslustig und bissig. Die Exemplare müssen in einem Käfig gehalten werden (III 57). Aber immerhin ist es nicht zu übersehen, im Unterschied etwa zum „Unsichtbaren Buch der Unsichtbarkeit", was den Buchhändler ein Vermögen kostet, da die eingekauften Exemplare nie zu finden sind.

Flüche, hängen wie ein Schicksal an den Betroffenen. Mit etwas Glück muß man nur eine zeitlang Schnecken erbrechen, aber es gibt auch Todesflüche.

Fluffy, ist ein riesiger dreiköpfiger Hund, der in Hogwarts den Stein der Weisen bewacht hat (I 177). Hagrid hat ihn einem Griechen abgekauft und stellt ihn Dumbledore als Wachhund zur Verfügung (I 210). Allerdings findet Fluffy Musik zum Einschlafen, und das macht ihn leider zu keinem guten Aufpasser (I 299).

Ford Anglia, der alte Ford von Weasleys ist kein gewöhnlicher Wagen. Vater Weasley hat hier seinem Hobby gefrönt und das Muggelartefakt mit allerlei Zauberkunststücken frisiert. So kann der Wagen fliegen, hat leicht Platz für acht Personen mit Gepäck und läßt sich unsichtbar machen (II 69ff.). Mit seiner Hilfe wird HP in den Sommerferien aus dem Haus der Dursleys befreit und mit ihm gelangen Ron und er nach Hogwarts, nachdem sie den Zug verpaßt haben (II 74ff.).

Die Landung dort ist allerdings ziemlich unsanft: Da sie den Wagen viel zu lange in der Luft gehalten haben, gibt der Motor auf, und sie machen eine Bruchlandung mitten in die Peitschende Weide (II 78). Auch verhexte Autos haben, wie alles in der Zaubererwelt, eine Seele und der Ford hat nun endgültig genug von den beiden: also wirft er sie und ihr Gepäck in hohem Bogen nach draußen.

Damit sind die Unanehmlichkeiten aber noch nicht vorbei. Noch bevor sie im Schloß sind, hat der „Abendprophet" schon darüber berichtet, daß ein fliegendes Auto von Muggels gesehen wurde, und so erwartet sie bereits Professor Snape. Zu dessen Verdruß werden Ron und HP aber nicht von der Schule verwiesen, sondern erhalten nur eine Strafarbeit (II 85). Dafür muß Vater Weasley wegen Verzauberung eines Muggelartefakts 50 Galleonen Geldbuße bezahlen (II 231). Ein Vermögen, und die Weasleys sind arm.

Den verschwundenen Wagen entdecken HP und Ron später im Verbotenen Wald wieder. Zum Glück ist er nicht nachtragend, denn er befreit sie aus den Fängen von Aragogs Spinnenbrut (II 288).

Fuchsbau, ist das Haus der Weasleys (II 36). Ganz im Gegensatz zu dem von HP's Pflegeeltern ist es eine ziemliche Bruchbude. Wahrscheinlich wird es lediglich durch Zauberkraft zusammengehalten. Auf dem Dachboden wohnt ein Ghul, überall laufen Haustiere herum, und der verwilderte Garten wird von Gnomen durchwühlt. Hier wohnt HP in seinen ersten Sommerferien, nachdem er vor den Dursleys geflüchtet ist, und fühlt sich gleich vollkommen zu Hause. Endlich hat er eine große Familie, und alle scheinen ihn zu mögen (II 46).

Fudge, Cornelius, ist der Minister für Zauberei, mit einer Vorliebe für ausgefallene Kleidungskombinationen (II 269). Er hat die traurige Pflicht, Hagrid festzunehmen, als der unter Verdacht gerät, und muß tatenlos zusehen, wie Dumbledore auf Lucius Malfoys Betreiben hin beurlaubt wird (II 270ff.). Besonders viel Rückgrat scheint er nicht zu besitzen, andererseits ist er ein von Sorgen geplagter Mann und muß umsichtig vorgehen. Die Flucht von Sirius Black beunruhigt ihn sehr, und er setzt alles daran, daß die Dementoren ihn wieder einfangen. Schlecht für seinen politischen Ruf, daß er am Ende mit leeren Händen dasteht (III 433) — noch schlechter sähe es allerdings aus, wenn er den unschuldigen Black hätte hinrichten lassen.

G

Galleone, goldene Münze, die größte Währungseinheit. Andere Münzen sind Sickel und Knut.

Geister, sind weiße, durchscheinende Gestalten, die irgendwie ihren eigenen Tod überlebt haben. In ihrer Umgebung ist es eisig und man sollte nicht durch sie hindurchgehen, wenn man keine kalte Dusche haben will. Zu den Hausgeistern von Hogwarts gehören der Fast Kopflose Nick, der Blutige Baron, der Fette Mönch, die Maulende Myrte und viele andere (II 139).

Gnome, sind klein, lederhäutig und haben einen knubbeligen Glatzkopf (II 41). Sie hausen wie Maulwürfe in Löchern und unterhöhlen manchmal einen mehr oder weniger gepflegten Hausgarten. Dann ist „Entgnomen" angesagt.

Goyle, Gregory, ist einer der beiden ständigen Begleiter von Draco Malfoy. Genauso muskulös und dämlich wie sein Kollege Crabbe, sind die beiden immer bereit, Dracos Befehle auszuführen (III 85).

Granger, Hermine, ist die einzige in ihrer Familie, die magische Fähigkeiten hat, und lernt HP bei seinem Schulbeginn auf der Zugfahrt nach Hogwarts kennen (I 117). Sie gehört auch zu den Gryffindors und ist ständig darüber verärgert, daß die Jungs mit ihrem Unsinn Strafpunkte einsammeln. Schließlich will sie den Hauspokal gewinnen (I 171). Sie weiß alles, was in den Büchern steht, kann aber auch gut beobachten, weil sie ihre Nase überall reinsteckt. Natürlich ist Hermine die Jahrgangsbeste. Als Streberin und Besserwisserin ist sie nicht besonders beliebt. Daß sie aber auch andere Seiten hat, erfahren HP und Ron, als sie ihretwegen McGonagall belügt, aus Dankbarkeit darüber, daß die beiden sie vor einem Troll gerettet haben. Von nun an sind die drei unzertrennliche Freunde (I 196f.).

Hermines Wissen um die Zauberkünste ist in manchen fast ausweglosen Situationen von unschätzbarem Wert, und als Therapie gegen ihre Überheblichkeit haben ihr Ron und HP das Schachspielen verordnet. Dabei verliert sie immer (I 237).

Hermine ist nicht nur beim Lernen energisch. Sie greift ein, als jemand HP's Besen beim Quidditch-Spiel verhext, und ist auch dabei, als Hagrids Drache nach Rumänien verschickt wird — was ihr 50 Strafpunkte einbringt. Selbst ein drohender Rausschmiß kann sie nicht davon abhalten, ihren Freunden im Kampf um den Stein der Weisen beizustehen (I 294).

Mit der Zeit scheint Hermine von HP und Ron so angesteckt zu sein, daß sie geradezu Freude am Detektivspielen bekommt. Schließlich hat sie einen scharfen Verstand und gute Kombinationsgabe, was sich beim Zaubertrankrätsel in der Gruft zum Stein der Weisen gezeigt hat (I 310). Hinter der braven Fassade scheint ein kleiner Teufel zu stecken, kommt sie doch auf die hinterhältige Idee, sich in Slytherins zu verwandeln und Malfoy auszuspionieren (II 167). Dazu muß sie mindestens 50 Regeln brechen, aber in diesem Fall kennt sie keine Gnade: will doch irgend jemand alle Schüler aus Muggelfamilien auslöschen. Der Verwandlungstrank bekommt ihr aber gar nicht gut. Sie hat bei sich versehentlich ein Katzen- anstelle eines Menschenhaares benutzt und bleibt nun für Wochen in eine große Katze verwandelt (II 235). Leider war die ganze Aktion nicht sehr erfolgreich: Malfoy weiß auch nicht, wer die Kammer des Schreckens geöffnet hat.

Eine echte Detektivin gibt aber nicht so schnell auf, vor allem nicht, wenn sie in der Bibliothek fündig werden kann. Dort entdeckt sie, was in der Kammer des Schreckens haust (II 298f.), wird aber anschließend versteinert. Der Zettel in ihrer Hand führt HP zum Ziel, und er hat einen Grund mehr, den Basilisken für immer unschädlich zu machen.

Miss Granger ist eine echte Wissenschaftlerin. Zu Beginn des dritten Schuljahres hat sie nicht zwei zusätzliche Fächer gewählt, sondern alle, die möglich waren. Selbst Muggelkunde, wo sie doch Muggeleltern hat, weil es spannend ist, das Ganze aus der Sicht der Zauberei zu sehen (III 62). Als rationaler Mensch fehlt ihr aber die Empfänglichkeit für solche Dinge wie Wahrsagerei. Scharfsinnig zerpflückt sie die Vorhersagen von Professor Trelawney und läßt die Sache am Schluß bleiben. Sichtlich macht ihr das übertriebene Arbeitspensum zu schaffen, sie ist übermüdet und gereizt (III 254, 307f.). Das und ihr neues Tier, der Kater Krummbein, belasten die Freundschaft vor allem zu Ron sehr. Denn Krummbein möchte Rons Ratte zu gern verspeisen (was, wie sich später herausstellt, das Beste gewesen wäre). Fast scheint das Zerwürfnis zwischen Ron und Hermine nicht mehr zu heilen zu sein, aber letztlich siegt natürlich die Freundschaft, und der Kampf gegen die gemeinsamen Feinde schweißt sie zusammen (III 304f.).

Am Ende des Schuljahres offenbart sie auch ihr Geheimnis, verschiedene Unterrichtsstunden zur gleichen Zeit besuchen zu können: McGonagall hat ihr einen Zeitumkehrer zur Verfügung gestellt. Eine viel wichtigere Verwendung findet das Zaubergerät allerdings bei der Rettung von Sirius Black. Zu guter Letzt sieht Hermine selbst ein, daß die übliche Anzahl von Fächern genug ist und sogar ein kleines Genie wie sie seine Grenzen hat.

Der **Grimm**, ist der große Gespensterhund, der in Kirchhöfen umherspukt: das schlimmste Omen des Todes (III 114). Sein Zeichen findet HP in der ersten Wahrsagestunde in seinen Teeblättern. Außerdem hat er ihn schon auf dem Umschlag des Buches „Omen des Todes“ bei Flourish & Blotts gesehen. Und war er es nicht auch, der ihn im Magnolienring bei seiner Flucht aus dem Ligusterweg beobachtet hat? (III 37f.) Allerdings ist nicht der Grimm hinter HP her, wie Professor Trelawney meint, sondern Sirius Black in Gestalt des großen Hundes — und Black ist auch nicht sein Feind.

Grindeloh, ein Wasserdämon, grün mit kleinen Hörnern und langen Fingern (III 161). Am besten zu bekämpfen, indem man den Griff seiner zwar starken, aber dürren Finger bricht.

Gringotts, ist die Zaubererbank, die einige hundert Meilen unterhalb von London liegt (I 73ff.). Sie wird von Kobolden geführt, und deshalb sollte niemand auf die Idee kommen, sie auszurauben. In der riesigen Marmorhalle werden unglaubliche Mengen an Münzen, Gold und Edelsteinen gezählt, gewogen und geprüft, und schließlich alles fein säuberlich in den Kassenbüchern verzeichnet (I 82). Die Schätze der Kunden von Gringotts lagern in Verliesen unter der Erde, zu denen man über ein Labyrinth von Stollen gelangt. Nur die Kobolde kennen sich hier aus. Auch das Erbe von HP ist hier deponiert: „hügelweise Goldmünzen, stapelweise Silbermünzen, haufenweise kleine bronzene Knuts" (I 84).

Am Tag seiner ersten Fahrt nach Hogwarts erfährt HP, daß doch jemand versucht hat, Gringotts auszurauben und unerkannt davongekommen ist. Diese Frechheit nimmt sich eigentlich nur ein mächtiger schwarzer Magier heraus. Und tatsächlich war es der von Voldemort besessene Quirrell, der es auf den Stein der Weisen in Verlies siebenhundertundneunzehn abgesehen hatte. Zum Glück ist Dumbledore voraussichtig und hat den Stein von Hagrid in Sicherheit bringen lassen (I 156f.).

Gryffindor, ist eines der vier Schulhäuser von Hogwarts, mit dem Löwen als Wappentier. Dort herrscht Tapferkeit und Mut (I 130). Es ist das Haus von HP, Hermine, der Weasleys und auch von Neville, der sich allerdings kein bißchen tapfer fühlt.

Die Räume von Gryffindor befinden sich in einem Turm des Schlosses. Der Zugang ist hinter dem Ölportrait einer fetten Dame im rosa Seidenkleid versteckt, und man braucht ein Paßwort, um durchzukommen. Die Dame, die wie alle Bilder in der Zaubererwelt natürlich lebendig ist, beschützt den Eingang im übrigen besser als man denken könnte. Sogar Sirius Black ist nicht durchgekommen (III 169). Dahinter befindet sich der große, gemütliche Gemeinschaftsraum, sowie die Schlafsäle der Jungen und Mädchen. Mit im Zimmer von HP schlafen Ron, Neville, Seamus Finnigan und Dean Thomas (II 89).

Hagrid, Rubeus, ist der Hüter der Schlüssel und Ländereien von Hogwarts (I 56). Ein ungetümer Riese, doppelt so groß und fünfmal so breit wie ein Mann. Im Gegensatz zu seinem wilden Aussehen hat er ein freundliches Gemüt, ist hilfsbereit und hat ein Herz für kleine Tiere, z.B. Drachenbabys.

Hagrid mußte die Schule in Hogwarts im dritten Jahr verlassen (I 69), und weil er deshalb auch keinen Zauberstab besitzt, benutzt er einen alten, rosa Schirm, um heimlich zu zaubern — oder sollte sich darin sein zerbrochener Zauberstab befinden? Nach seinem Rausschmiß aus der Schule hat Dumbledore ihn zum Wildhüter gemacht und beauftragt ihn mit wichtigen Angelegenheiten.

Hagrid hat HP aus dem zerstörten Haus seiner Eltern geholt und zur Wohnung der Dursleys gebracht (I 20).

Später taucht er wieder auf, um ihm zu seinem 11. Geburtstag einen zermantschten Schokoladenkuchen zu überreichen und ihn als erster über seine magischen Fähigkeiten und das Schicksal seiner Eltern aufzuklären (I 55ff.). Er begleitet ihn auch zu seinem ersten Ausflug in die Welt der Zauberer, in die Winkelgasse, wo HP alle Utensilien für die Zaubererschule einkauft.

In Hogwarts gehört Hagrid zu den besten Freunden von HP, und sie treffen sich oft in seiner Hütte am Rand des Verbotenen Waldes mit Ron und Hermine zum Tee. Leider bringt seine Vorliebe für Drachenkinder alle in Schwierigkeiten. Nicht nur daß es HP 150 Strafpunkte kostet, den Drachen wieder loszuwerden (I 264ff.). Hagrid hat gegenüber dem Unbekannten, von dem er das Drachenei hat, auch ausgeplaudert, wie man an dem dreiköpfigen Hund vorbeikommt, der den Stein der Weisen bewacht (I 289).

Seine Leidenschaft für Monster hat Hagrid aber schon einmal vor langer Zeit in ernste Probleme verstrickt. Als Drittklässler wurde er beschuldigt, die Kammer des Schreckens geöffnet und das Ungeheuer befreit zu haben (II 259). Deshalb mußte er die Schule verlassen. Natürlich war er unschuldig. Er hat nur ein faules Ei von einem Fremden untergeschoben bekommen und daraus die Spinne Aragog aufgezogen (II 287), die hat aber niemandem etwas getan. Fünfzig Jahre später wiederholen sich die Ereignisse: erneut greift jemand muggelstämmige Schüler an. So gerät Hagrid unter Verdacht und muß vorläufig nach Askaban (II 270f.). Vielleicht sollte er einmal lernen, daß man von Fremden keine Monster-Eier annimmt.

Aber wahre Monsterliebe ist unerschütterlich und so kann sich Hagrid auch kein schöneres Geschenk für HP ausdenken als das Werk „Das Monsterbuch der Monster" (III 17). Leider ist das Buch, wie der Titel schon sagt, selbst ein Monster: es schnappt und beißt, so daß HP es erstmal verschnüren muß. Aber der eigentliche Grund für dieses Geschenk ist der erfreuliche Umstand, daß Hagrid endlich rehabilitiert wurde und Dumbledore ihm die Stelle als Lehrer für die Pflege magischer Geschöpfe anvertraut hat (III 100). Gleich die erste Stunde geht leider in die Hose: Ein Hippogreif verletzt Malfoy, und dessen Vater ist einflußreich. Von nun an wird der Unterricht langweilig, weil Hagrid kein Risiko eingehen will. Die Schüler dürfen nur noch

Flubberwürmer pflegen. Schlimmer ist noch, daß sich sein Lieblings-Hippogreif vor einem Ausschuß für die Beseitigung gefährlicher Geschöpfe wird verantworten müssen (III 227). Zwar helfen Hermine und Ron Hagrid bei der Vorbereitung für die Verhandlung, aber da Mr. Malfoy die vergreisten Ausschußmitglieder im Griff hat, wird er zum Tode verurteilt (III 338). Mit einer Menge höherer Magie geht am Ende aber doch noch alles gut aus: Der Hippogreif kann zusammen mit Sirius Black entfliehen und beide halten sich gemeinsam versteckt.

Hauselfen, sind klein, mit überdimensionierten Fledermausohren und hervorquellenden Augen (II 16). Sie gehören zu großen Landhäusern und reichen, alten Zaubererfamilien. Ihr Schicksal ist, für immer an eine Familie gebunden zu sein, der sie dienen müssen. Grundsätzlich können sie zwar freigelassen werden, aber wer verzichtet schon gerne auf einen Arbeitssklaven? Deshalb tragen sie auch irgendwelche alten Fetzen, denn wenn ihre Familie ihnen Kleider schenkt, sind sie frei (II 185).

Hedwig, ist HP's große Schneeule (I 99).

Die **Heulende Hütte**, ein verfallenes Haus in Hogsmeade, in dem Gespenster ihr Unwesen treiben sollen. In Wirklichkeit war es der Zufluchtsort von Lupin als er Schüler in Hogwarts war. Der Professor ist nämlich ein Werwolf. Wenn er sich in den Wolf verwandelt hatte, zog er sich in die Hütte zurück, um niemandem gefährlich zu werden. Ein Geheimgang verbindet sie mit Hogwarts und die Peitschende Weide wurde gepflanzt, um den Tunneleingang zu sichern (III 366).

Heuler, ist ein roter Brief, den man lieber nicht bekommt (II 91). Nach dem Öffnen bricht eine Strafpredigt in ohrenbetäubender Lautstärke über den unglücklichen Empfänger herein.

Hinkepank, das einbeinige, nach Rauchschwaden aussehende Wesen, macht einen schwächlichen Eindruck, ist aber ziemlich hinterlistig. Es lockt mit einer Laterne Reisende in die Sümpfe, wo sie umkommen (III 195).

Hippogreife, sind Mischwesen. Körper und Hinterbeine von Pferden, Vorderbeine, Flügel und Köpfe von Adlern (III 121ff.). Da es sehr wehrhafte und stolze

Tiere sind, muß man sich ihnen mit Respekt und zugleich mit Selbstbewußtsein nähern.

Hogsmeade, die einzige Ortschaft in England, wo kein einziger Muggel lebt (III 82f.). Das Wirtshaus war das Hauptquartier des Koboldaufstands von 1612 und die „Heulende Hütte“ soll von den übelsten Gespenstern weit und breit bewohnt sein. Hogsmeade ist der Traum der Schüler in Hogwarts. Ab der dritten Klasse dürfen sie dort gelegentlich hin. Allerdings nur mit Genehmigung der Erziehungsberechtigten, und HP hat sie natürlich nicht. Außerdem ist ihm gerade Sirius Black auf den Fersen. Gut, daß es Geheimgänge zwischen Hogwarts und Hogsmeade gibt.

Das Dorf ist voll von interessanten Geschäften (III 165), wie dem „Honigtopf“ (Süßigkeiten), „Derwisch und Banges“ (Zauberei-Ausstattung) oder „Zonkos“ (Scherzartikel).

Hogwarts, die Zaubererschule, ist in einem riesigen Schloß auf der Spitze eines hohen Berges untergebracht (I 124). Für einen Anfänger ist es ziemlich verwirrend, sich zurechtzufinden. Nicht nur daß es 142 Treppen gibt, die manchmal woanders hinführen als gewöhnlich, überhaupt wechselt alles ständig seinen Platz. Es gibt Türen, die Wände sind, und Bilder, die Türen sind (I 145).

Umgeben ist das Schloß von Wiesen, Bergen und einem Wald, den die Schüler nicht betreten dürfen. Im Winter wird es in Hogwarts eisig kalt, der Schnee liegt ellenhoch, und die zugigen Gänge des Schlosses sind wenig erfreulich. Dennoch bleibt HP in den Weihnachtsferien lieber hier, als zu seinen Muggel-Pflegeeltern zu fahren.

Der Überlieferung nach wurde Hogwarts vor mehr als tausend Jahren von den besten Zauberern und Hexen ihrer Zeit gegründet (II 157). Die vier Schulhäuser sind nach ihnen benannt: Godric Gryffindor, Helga Hufflepuff, Rowena Ravenclaw und Salazar Slytherin. Nach einiger Zeit zerstritten sie sich, weil Slytherin nur noch Schüler aus magischen Familien aufnehmen wollte, und er verließ die Schule. Aber seine Ideen leben

fort. Noch heute versteht sich Slytherin als das Elite-Haus, und die unterschwellige Feindschaft zu den anderen macht es empfänglich für die schwarze Magie.

Hogwarts Schule für Hexerei und Zauberei, ist die bedeutendste Zaubererschule, geleitet von Albus Dumbledore. Hier haben die Eltern von HP ihre Kunst gelernt, aber auch Voldemort, der schwarze Magier. Es gibt gute und schlechte Lehrer, langweilige und interessante, wie an jeder Schule. Die Regeln sind streng und für alles mögliche drohen Strafpunkte und Rausschmiß. Andererseits weiß man aber auch zu feiern, und an Festtagen gibt es Unmengen der besten Leckereien. Letztendlich wird nicht alles so genau genommen. Dafür sorgt schon Dumbledore.

Grundfächer sind: Verteidigung gegen die schwarzen Künste, Zaubertränke, Kräuterkunde, Verwandlung, Zauberkunst, Geschichte der Zauberei und Astronomie. Dazu kommt noch das beliebte Quidditch-Spiel. Am Ende des zweiten Schuljahres müssen die Schüler wählen, welche neuen Fächer sie haben wollen, z.B. Arithmantik, Alte Runen, Weissagung, Pflege magischer Geschöpfe oder Muggelkunde (II 261).

Honigtopf, ist ein Laden für Süßigkeiten in Hogsmeade, der Traum aller Schüler. In dessen Keller endet ein Geheimgang von Hogwarts, den HP für seinen Ausflug ins Dorf benutzt (III 206).

Hooch, Madame, ist die Fluglehrerin (I 161). Sie hat kurzes, graues Haar und gelbe Augen.

Hufflepuff, ist eines der vier Schulhäuser von Hogwarts. Hier ist man gerecht und treu, hilfsbereit und scheut keine Arbeit (I 130).

Irrwicht, ist ein Gestaltwandler. Niemand weiß, wie er aussieht, wenn er allein ist. Sobald man ihn zu Gesicht bekommt, verwandelt er sich in das, wovor man am meisten Angst hat. Irrwichte lieben es, in dunklen, engen Räumen (z.B. Schränken) zu hausen (III 140ff.). Um sie zu bekämpfen, sollte man zu mehreren sein. Sie müssen sich dann in Verschiedenes verwandeln und kommen durcheinander. Der Zauber gegen sie ist nicht schwer, erfordert aber geistige Konzentration: man muß sich darüber klar werden, wovor man am meisten Angst hat und wie man das so verwandeln kann, daß es komisch aussieht. Daß man über ihn lacht, anstatt sich zu fürchten, verwirrt so einen Irrwicht gänzlich. Die Begegnung mit Irrwichten ist so gesehen eine gute Selbsterfahrung.

Jordan, Lee, kommentiert die Quidditch-Spiele, mit eindeutiger Bevorzugung von Gryffindor. Er ist ein guter Freund von Fred und George Weasley.

Kalender, besondere Tage sind:

14. Februar, Valentinstag ist das Fest der Liebenden, und da Gilderoy Lockhart von allen geliebt wird, gestaltet er diesen Tag ganz persönlich aus (II 245).

31. Juli, an diesem Tag des Jahres 1980 ist HP geboren. Allerdings hatte er bisher kaum Gelegenheit zu feiern, weil seine Pflegeeltern den Tag geflissentlich übergangen haben. Der 11. Geburtstag verläuft jedoch ziemlich turbulent. Sein Onkel will verhindern, daß er in die Zaubererschule kommt und versteckt ihn in einer einsamen Hütte im Meer. Aber Hagrid ist nicht aufzuhalten, und so bekommt HP doch noch seine Schokotorte und die Einladung zur Schule.

1. September ist Schuljahresbeginn in Hogwarts. In der Großen Halle versammeln sich Schüler und Lehrer an langen, festlich gedeckten Tischen. Die Halle wird von Tausenden von Kerzen erleuchtet, und durch die verzauberte Decke sieht man den Himmel. Die wichtigste Zeremonie des Tages ist die Aufnahmeprüfung, mit der die Erstklässler den vier Schulhäusern von Hogwarts zugeteilt werden.

31. Oktober, Halloween wird natürlich auch in Hogwarts gefeiert, mit ausgehöhlten Kürbissen und Tausenden von Fledermäusen (I 189). — Außerdem ist es der Todestag des Fast Kopflosen Nick. Geister feiern ihren Todestag, schließlich ist er der Beginn ihres Gespensterlebens.

25. Dezember, am Weihnachtsfeiertag gibt es Geschenke, von HP's Pflegeeltern 50 Pence, von Mrs.

Weasley einen Weasley-Pulli, aber auch andere, geheimnisvolle Dinge.

Die **Kammer des Schreckens**, der Legende zu Folge hat Salazar Slytherin, einer der Gründer von Hogwarts, eine Geheimkammer ins Schloß eingebaut (II 158). Sie ist versiegelt, und nur sein wahrer Erbe soll sie öffnen können, um den Schrecken in ihrem Innern zu befreien, der alle an der Schule vernichten wird, die nicht wert sind, hier zu studieren. Nach Slytherins Vorstellung ist das jeder, der nicht aus einer reinen Zaubererfamilie stammt.

Die Kammer befindet sich weit unter der Erde und wird von einem Tor mit gekreuzten Schlangen verschlossen. Im Innern befinden sich hohe Säulen, umrankt von steinernen Schlangen (II 315). Am Ende der Halle steht die Statue von Salazar Slytherin, in der der Basilisk auf seine Befreiung wartet.

Das Siegel der Kammer kann nur von jemanden geöffnet werden, der die Schlangensprache beherrscht (II 314) — und alle Nachfahren von Slytherin sind ihrer mächtig. So konnte Voldemort, als er Schüler in Hogwarts war, die Kammer öffnen, denn er ist der wahre Erbe Slytherins. 50 Jahre später gelingt es ihm, mit Hilfe seines magischen Tagebuchs nach Hogwarts zurückzukehren, und das Ungeheuer wird erneut entfesselt. Allerdings beherrscht auch HP die Schlangensprache. Er tötet den Basilisken und bereitet dem Schrecken ein Ende.

Kappas, sehen aus wie Affen mit Schuppen und warten in Gewässern darauf, Unvorsichtige zu erwürgen (III 148).

Die **Karte des Rumtreibers**, ist ein wahres Wunderwerk. Auf ihr ist jede Einzelheit des Schlosses verzeichnet, jeder Geheimgang und dazu noch, wo sich wer gerade befindet (III 201ff.). Fred und George Weasley haben sie in ihrem ersten Schuljahr dem Hausmeister geklaut, nun vermachen sie die Karte HP. Um etwas auf ihr sehen zu können, muß man sie mit dem Zauberstab berühren und sagen: „Ich schwöre feierlich, daß ich ein Tunichtgut bin." Später sollte man nicht vergessen, sie mit den Worten: „Unheil angerichtet" wieder zu löschen.

Die Karte ist von den ehrenwerten Herren Moony, Wurmschwanz, Tatze und Krone verfaßt. Dahinter verbergen sich vier Freunde, die zu ihrer Zeit unzertrennlich waren, bis einer von ihnen zum Verräter wurde. Moony ist Professor Lupin, Wurmschwanz Peter Pettigrew, Tatze ist Sirius Black und Krone James Potter. Die Karte wurde gezeichnet, während die vier als Animagi in ihrer Tiergestalt Hogwarts durchstreiften (III 368).

Klatscher, sind die zwei kleineren, schwarzen Bälle im Quidditch-Spiel, die herumschwirren und die Spieler von den Besen zu werfen versuchen. Die Treiber der Mannschaft sollen die eigenen Spieler vor den Klatschern schützen und sie auf den Gegner hetzen.

Knut, kleine Münze aus Bronze (I 85); 29 Knuts sind ein Silbersickel.

Kobolde, sind klein, haben lange Finger und große Füße. Sie führen die Zaubererbank Gringotts (I 81ff.), schließlich haben sie Erfahrung mit der Verwaltung von Vermögen.

Krätze, ist Ron Weasleys Ratte. Sie hat schon seinem Bruder Percy gehört und ist entsprechend alt. Meistens schläft sie, und irgendwelche besonderen magischen Fähigkeiten hat bisher auch niemand an ihr entdeckt (III 64). Verwunderlich ist nur, daß eine normale Hausratte gar nicht so lange leben dürfte. Scheinbar hat ihr Krummbein, Hermines Kater, eines Tages den Garaus gemacht, was das Verhältnis von Ron und Hermine arg belastet. Aber in der Zaubererwelt ist nichts so, wie es aussieht. Krätze hat ihren eigenen Tod vorgetäuscht, denn in Wirklichkeit ist sie Peter Pettigrew, der Schulfreund von James Potter, Lupin und Black. Angeblich soll Peter von Black getötet worden sein, in Wirklichkeit ist er als Ratte bei den Weasleys untergetaucht.

Pettigrew war der Vertraute von Voldemort. Er hat den Verrat an den Potters Black in die Schuhe geschoben und in seiner Rattengestalt darauf gewartet, daß der Dunkle Lord wiederkehren würde (III 380ff.).

Krummbein, ist Hermines Tier. Ein rötlicher Kater mit eingedalltem Gesicht. Leider hat er es auf Krätze, die Ratte von Ron, abgesehen, was die Freundschaft der beiden arg strapaziert (III 153f.). Doch Krummbein ist nicht einfach gefrässig. Er hat durchschaut, daß mit Krätze irgendetwas nicht stimmt (III 376).

Kwikzaubern, auch unter Zauberern sind nicht immer alle auf der Höhe der Kunst. Deshalb gibt es Fernkurse, in denen man schnell das Nötige nachholen kann (II 133). Mancher Squib hat auch die Hoffnung, mit ihrer Hilfe doch noch zum Zauberer zu werden. Wahrscheinlich ein Trugschluß.

Latein, Zaubersprüche sind auf Lateinisch. Warum, weiß niemand so genau, schließlich kommen viele bedeutende Magier aus dem Orient. Vielleicht ist es eine romantische Erinnerung an das Mittelalter, die große Zeit der Ritter, Prinzessinnen, Drachen, Hexen — und Merlins. Ebenfalls noch nicht ganz klar ist, warum die Schüler in Hogwarts alte Runen anstatt Lateinisch lernen. Täten sie es, könnte sich HP manches Rätselraten ersparen, weist doch z.B. schon der Name von Professor Lupin auf das hin, was er ist.

Ligusterweg 4, in Little Whinging, in der Grafschaft Surrey, ist die Adresse, wo HP bei seinen Pflegeeltern wohnt. Nicht sehr komfortabel allerdings, denn sein Zimmer ist ein Wandschrank, in dem es von Spinnen wimmelt (I 25). Erst als er die Einladung zur Zaubererschule

erhält, darf er in Dudleys zweites Schlafzimmer umziehen, das mit dessen ausrangierten Spielsachen vollgestopft ist (I 44f.). Das Haus ist spießig und ordentlich, worauf Mrs. Dursley peinlich achtet, daher liebt sie es gar nicht, wenn irgendwelche Zauberereulen, Elfen oder dergleichen ein Chaos anrichten.

Lockhart, Gilderoy, Inhaber des Orden der Merlin dritter Klasse und Verfasser zahlreicher Bücher zur Verteidigung gegen die dunklen Künste (II 47). Er wird Nachfolger von Quirrell als Professor in Hogwarts. Mr. Lockhart ist der Schwarm aller Hexen. Sehr gut gekleidet, sehr eitel und sehr darauf aus, immer im Rampenlicht zu stehen. Sein Selbstbewußtsein ist kaum zu übertreffen, immerhin hat er fünfmal in Folge den „Charmantestes-Lächeln-Preis" gewonnen — was ist dagegen schon HP's Begegnung mit Voldemort (II 95). Sein gönnerhaftes Verhalten geht HP ziemlich auf die Nerven. Aus irgendeinem Grund sieht er in ihm seinesgleichen und überschüttet ihn mit väterlichen Ratschlägen, wie er einmal so berühmt werden könne, wie er selbst.

Gleich seine erste Unterrichtsstunde ist wirklich aufschlußreich. Zunächst verteilt er 54 Fragen über seine Person (die natürlich von dem anwesenden Fan Hermine Granger alle beantwortet werden können). So erfahren wir, daß Lila seine Lieblingsfarbe ist und er die Welt von allem Bösen befreien möchte. Danach zeigt sich sein Sinn für praktische Übungen: er läßt eine Horde Wichtel frei, die die Schüler schließlich einfangen müssen. Nur, warum bekommt der Verfasser zahlreicher Bücher selbst die Wichtel überhaupt nicht in den Griff? Leider scheint es so, als ob Lockhart nicht wegen seiner Qualifikation für die Stelle ausgewählt wurde, sondern weil er der einzige Bewerber war (II 120). Weise und weil es seiner theatralischen Natur ohnehin entspricht, verlegt sich Lockhart in Zukunft darauf, seine zahlreichen Abenteuer im Unterricht nur nachzuspielen, bevorzugt mit HP als Statist (II 168).

Als Ginny Weasley in die Kammer des Schreckens entführt wird, bekommt er die Gelegenheit, sein Können zu beweisen. McGonagall beauftragt ihn, sie zu retten (II 303). Natürlich denkt niemand ernsthaft an seinen Erfolg. Eigentlich will man nur, daß er nicht im Wege steht, wenn die Schule geräumt wird. Tatsächlich ertappen ihn HP und Ron, als er flüchten will. Und endlich stellt sich heraus, was alle schon dachten: Keines seiner Abenteuer hat er selbst wirklich erlebt, er hat nur den Ruhm geerntet für das, was andere getan haben (II 306). So ist es nur gut, wenn am Ende sein eigener Vergessenheitszauber (der einzige, den er wirklich beherrscht) ihn selbst trifft. Unbeschwert von aller Ruhmsucht kann er nun ein neues Leben anfangen (II 334).

Longbottom, Neville, Zimmergenosse von HP in Gryffindor. Verliert ständig seine Kröte namens Trevor und ist auch ansonsten ziemlich tollpatschig. Außerdem hat er auch noch das schlechteste Gedächtnis, das man sich vorstellen kann (II 90). Und das wird wirklich gefährlich, als er so dumm ist, sich die Paßwörter für den Zugang zu Gryffindors Räumen auf einen Zettel zu notieren (III 280f.).

Immerhin zeigt er einmal Mut, als er sich eines Nachts allein auf den Weg macht, um HP und Hermine vor Malfoy zu warnen (I 264) — und kassiert 50 Strafpunkte. Auch sein zweiter Anflug von Tapferkeit geht nicht gut aus und kommt zudem zur falschen Zeit: Hermine muß ihm deshalb eine Ganzkörperklammer anlegen (I 296).

Er ist in keinem Fach besonders gut, unter Snapes gehässigen Augen versagt er bei Zaubertränken allerdings völlig, was öfters zu kleinen Katastrophen führt. Wunderlicherweise besteht er die Klasse trotzdem irgendwie.

Lupin, Remus J., ist der Nachfolger von Lockhart als Professor für Verteidigung gegen die dunklen Künste. HP und seine Freunde lernen ihn im Hogwarts-Expreß kennen. Obwohl noch jung, hat der Kampf gegen die schwarze Magie ihn vorzeitig altern lassen. Er trägt schäbige Kleidung und sieht krank und erschöpft aus (III 80).

Er ist der erste Lehrer für dieses Fach, der sein Handwerk versteht. Er meistert nicht nur den Dementor im Zug und alle anderen magischen Wesen souverän, sondern hat auch pädagogische Qualitäten. Sein Unterricht ist spannend und er versteht es, selbst den ängstlichen Neville aufzubauen (III 139). In jeder Situation bleibt er gelassen und ausgesprochen freundlich.

Ein schreckliches Geheimnis verdüstert jedoch das Bild dieses Mannes. Jeden Monat bei Vollmond verwandelt er sich in einen Wolf (III 358f.). So hätte er niemals in Hogwarts auf die Schule gehen können, wenn Dumbledore nicht einen Ausweg gefunden hätte. Die Heulende Hütte war sein Versteck, wo er niemandem gefährlich werden konnte. Später wurde ein Zaubertrank entdeckt, der zwar nicht die Verwandlung verhindern kann, aber den Wolf harmlos werden läßt. So war es möglich, Lehrer in Hogwarts zu werden.

Lupin war als Schüler mit Sirius Black, Peter Pettigrew und James Potter eng befreundet. Zusammen haben sie die Schule unsicher gemacht und als Ergebnis davon die Karte des Rumtreibers hinterlassen. Lupins Freunde haben auch gelernt, sich in Tiere zu verwandeln und ihm, während er ein Wolf ist, beizustehen. Black hat bei der Gelegenheit von Lupins Verwandlung dem damaligen Mitschüler Snape einen lebensgefährlichen Streich gespielt, worin dessen Haß auf die vier begründet ist (III 369).

Zusammen mit dem aus Askaban geflohenen Black kann Lupin in Hogwarts den Verräter Pettigrew stellen. Leider entkommt der wieder, als Lupin im ungünstigsten Moment zu einem Wolf wird. Eine Bemerkung des mißgünstigen Snape am Ende des Schuljahres deckt Lupins Geheimnis auf, und er muß angesichts drohender Proteste von Eltern seine Stelle in Hogwarts wieder aufgeben (III 436).

Mcnair, Walden, hat einen üblen Beruf. Er ist der Henker für gefährliche Geschöpfe. Klar daß Lucius Malfoy solche Leute zu seinen Freunden zählt (III 341).

Magische Menagerie, ein Laden für magische Geschöpfe in der Winkelgasse. Hier gibt es Kröten, Ratten, giftige Schnecken usw. Hermine kauft dort für sich den Kater namens Krummbein. Er hat zwar ein schön flauschiges, rötliches Fell, sieht aber ansonsten etwas zerknautscht aus (III 63ff.).

Malfoy, Draco, ein unsympathischer Angeber, den HP das erste Mal bei Madame Malkin, der Schneiderin, trifft. Seine Familie war bei den ersten, die wieder zur guten Seite zurückkehrten, als Voldemort verschwunden war. Sie behaupteten, von diesem verhext worden zu sein, aber sie gehören wohl eher zu den Leuten, die von sich aus mit den dunklen Mächten

liebäugeln (I 122). Malfoy wollte unbedingt nach Slytherin, wo er auch hinkommt und hingehört. Umgeben ist er von Crabbe und Goyle, die Leibwächter spielen. HP und er können sich nicht ausstehen. Einen ersten Zweikampf liefern sie sich auf dem Besen an HP's erstem Flugtag, wobei Malfoy den kürzeren zieht (I 164). Er läßt keine Gelegenheit aus, sich mit HP und Ron anzulegen. Besonders gern spielt er auf deren — seiner Ansicht nach — nicht standesgemäße Familien an.

Zu Beginn des zweiten Schuljahres hat er sich mit sieben Flugbesen als Sucher in die Quidditch-Mannschaft eingekauft. Ob das ein kluges Geschäft für Slytherin war, ist fraglich. Schließlich sieht Malfoy den Schnatz nicht mal, wenn er direkt neben seinem Kopf ist (II 178).

Daß in diesem Jahr die Kammer des Schreckens geöffnet wurde und jemand nicht-reinblütige Zauberer versteinert, freut Draco und seinen Vater natürlich. Aber er selbst ist nicht der Erbe Slytherins, wie HP vermutet hatte und er sich sicher gewünscht hätte.

Im dritten Jahr auf Hogwarts ist Malfoy zwar gewohnt spöttisch, bekommt aber einiges verpaßt: von Hermine saftige Ohrfeigen, ein Schlammbad, von HP einen Patron, der ihn durcheinanderwirbelt, und zum Schluß eine Niederlage beim Quidditch-Spiel, die Slytherin den Pokal kostet.

Malfoy, Lucius, ist der Vater von Draco (II 33). Er soll zu den engsten Vertrauten von Voldemort gehört haben und hat nach dessen Verschwinden schnell wieder die Seiten gewechselt. Er verachtet alle Muggels und ebenso Zauberer, die nicht von gehobenem Stand sind, wie die Weasleys. Er ist offensichtlich guter Kunde bei Borgin und Burkes, was schon seine Vorliebe für die dunklen Künsten zeigt.

Aus dem Vorrat seiner Utensilien zur Schwarzen Magie spielt er Ginny Weasley das alte Tagebuch von Tom Riddle, alias Voldemort, in die Hände (II 67f., 346). Damit bringt er die Ereignisse um die Kammer des Schreckens ins Rollen. Als Schulrat bewirkt er auch die vorübergehende Beurlaubung von Dumbledore, aber der Schuß geht nach hinten los, er wird schließlich selbst abgesetzt (II 350).

Malkin, Madame, ihr gehört das Geschäft „Anzüge für alle Gelegenheiten“ in der Winkelgasse, wo HP sich einkleidet und Draco Malfoy zum ersten Mal begegnet (I 86f.).

Maulende Myrte, ist ein Geist und lebt im Mädchenklo (II 163). Sie hat sich dort so eingerichtet, wie es Gespenster lieben: es ist düster, schäbig und feucht. Daher benutzt das Klo ansonsten niemand, und so dient es HP, Ron und Hermine als geheimer Unterschlupf. Myrte ist ständig am jammern. Sie hält sich für häßlich, denkt, daß niemand sie mag (was vermutlich stimmen dürfte) und jeder sie nur ärgern will (was nicht stimmt, jeder will ihr nur aus dem Weg gehen). Bevorzugt sitzt sie im Abflußrohr und denkt über so schaurig-schöne Themen wie den Tod nach (II 239).

Aber ihr Klo und sie selbst haben eine bisher verborgene Geschichte. Sie war das einzige Opfer, das vom Ungeheuer aus der Kammer des Schreckens vor fünfzig Jahren getötet wurde — und dieses kam aus einem der Waschbecken (II 308).

McGonagall, Minerva, ist die stellvertretende Leiterin der Hogwarts-Schule (I 59) und Hauslehrerin von Gryffindor (I 149). Sie taucht das erste Mal als Karte lesende Tigerkatze im Ligusterweg 4 auf, was Mr. Dursley ziemlich verwirrt. McGonagall ist eine strenge und kluge Professorin für das gefährliche Gebiet der Verwandlungen (I 148). Das zu einem Knoten gebundene Haar und die eckigen Brillengläser verstärken den Eindruck der Unnahbarkeit und daß man ihr nicht widersprechen sollte. Sie hat aber auch Sportsgeist und träumt davon, daß ihr Haus es Slytherin einmal beim Quidditch-Spiel richtig zeigt. Hinter dem strengen Äußeren verbirgt sich ein gutes Herz, und wahre Freundschaft kann sie zu Tränen rühren (II 297).

Metamorphose, die Kunst etwas in etwas anderes zu verwandeln (I 139).

Muggels, sind Leute, die keine magischen Fähigkeiten haben (I 61). Sie reden nicht gerne über Zauberer, sofern sie überhaupt von ihnen wissen, und umgekehrt halten die meisten Zauberer nichts von den Muggels. Um Probleme zu vermeiden, versuchen sie ihre Existenz vor den Muggels geheimzuhalten, was nur teilweise gelingt. Schließlich fallen einige skurrile Typen auf den Straßen von London doch auf und manche Muggelfamilie hat begabte Zauberer oder Hexen hervorgebracht.

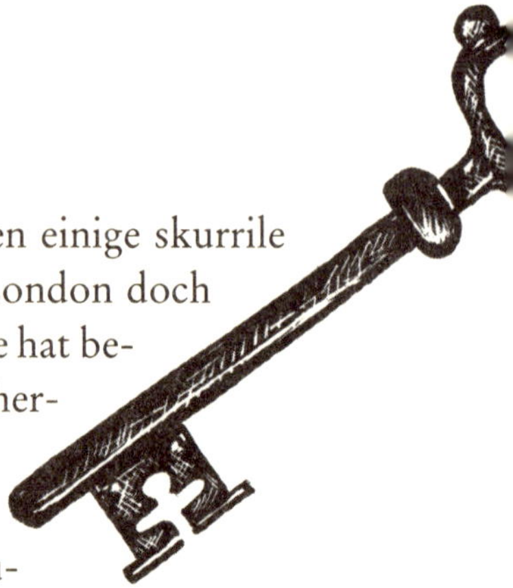

Muggelartefakte, es gibt Zauberer, die es lieben, sich mit Muggel-Sachen zu umgeben und diese für ihren Gebrauch zu verhexen (z.B. fliegende Autos). Eine Abteilung im Zaubereiministerium wacht eigens darüber, daß solche Dinge nicht zu den Muggels zurückgelangen (II 34). Oft sind die Muggels aber auch zu dusslig, um zu merken, daß sie verhexte Gegenstände haben. So meinen sie, ständig ihre Schlüssel zu verlieren und merken nicht, daß verzauberte Schlüssel einfach zusammenschrumpfen, bis nichts mehr von ihnen übrig ist (II 42).

NERHEGEB, der Spiegel, den HP im verlassenen Klassenzimmer in Hogwarts entdeckt (I 227), trägt die Inschrift: „NERHEGEB Z REH NIE DREBAZ TILT NANIEDTH CIN“, was man natürlich rückwärts lesen muß, denn es ist ja ein Spiegel. In ihm sieht HP zum ersten Mal seine Familie. Aber der Spiegel zeigt jedem etwas anderes. Ron z.B. sieht sich als Mannschaftskapitän mit Quidditch- und Hauspokal (I 230). Der Spiegel zeigt nicht die äußere Erscheinung, sondern unser Inneres, das, was wir am meisten begehren (I 233).

Für NERHEGEB hat Dumbledore eine wichtige Verwendung: er verbirgt den Stein der Weisen in ihm (I 314f.). Wer in den Spiegel blickt mit dem Gedanken, den Stein zu verwenden, sieht nur, was er damit vorhat: Gold zu machen oder Lebenselixier zu trinken. Nur derjenige, der den Stein einfach finden will, der bekommt ihn auch — so wie HP (I 326).

Nicholas de Mimsy-Porpington, Sir (alias „Der Fast Kopflose Nick“), ist der Hausgeist von Gryffindor (I 137). Seinen Spitznamen verdankt er einem Stümper, der sein Henkersgeschäft schlecht beherrscht hat. Deshalb ist sein Kopf nicht ganz abgetrennt. Sehr zu seinem Bedauern, denn deshalb wird er nicht in den Jagdverein der Kopflosen aufgenommen. Aus der Sicht des Vereins allerdings verständlich: schließlich kann er in seinem Zustand nicht Kopfpolo oder dergleichen spielen (II 130).

Während HP's zweitem Schuljahr in Hogwarts feiert er seinen 500. Todestag (II 138ff.). Gespensterfeste sind etwas gewöhnungsbedürftig, die Schauerbeleuchtung ebenso wie das Kreischen der Musiksägen und das verschimmelte Essen (so schmeckt es etwas kräftiger, denn Geister haben keinen besonderen Geschmacksinn mehr).

Auch Nick wird ein Opfer des Basilisken aus der Kammer des Schreckens. Da Gespenster nicht versteinert werden können (schließlich sind sie körperlos), wirkt sich der Fluch bei ihm anders aus: er schwebt flach in der Luft, gefüllt mit schwarzem Rauch (II 210).

Nimbus Zweitausend, ist die Luxusausführung eines Besens. Ein glänzender Stil aus Mahagoni mit fest gebündelten Reisigzweigen. Genau richtig, um dem Gegner beim Quidditch-Spiel das Fürchten zu lehren. Einen solchen hat HP zu eben dem Zweck von Professor McGonagall geschenkt bekommen (I 181ff.). So ein Besen will natürlich gut gewartet sein und deshalb gibt es zu HP's 13. Geburtstag von Hermine ein Besenpflege-Set. Da drin sind: Fleetwoods Hochglanzpolitur, eine Reisig-Knipszange, ein Kompaß und ein Handbuch (III 16).

Nokturngasse, ist eine fragwürdige Gegend, in der es nur Läden für die dunklen Künste gibt (II 58). Unter anderen „Borgin und Burkes", in dem Lucius Malfoy Stammkunde zu sein scheint.

Norris, Mrs., ist die gelbäugige, skelettdürre Katze des Hausmeisters. Wie er, ist sie ständig auf der Jagd nach Schülern, die die Regeln verletzen. Und wo sie ist, ist der Hausmeister nicht weit. Eines Tages allerdings hat jemand ihr den Garaus gemacht und sie mit einem bösen Fluch versteinert (II 149). Wie die anderen Opfer

des Basilisken wird sie gerettet und kann wieder ihr Unwesen treiben.

Ollivander, ist ein alter Mann mit blassen Augen, die wie Monde leuchten. Bei ihm gibt es Zauberstäbe seit 382 v.Chr. (I 92f.). HP kauft dort seinen ersten Zauberstab (für sieben goldene Galleonen), aber Ollivander hat auch den mächtigen dreizehneinhalb Zoll langen Stab an Voldemort verkauft, dem HP seine Narbe verdankt.

Parsel, ist die Schlangensprache (II 203ff.). HP beherrscht sie, allerdings ist das nicht ganz so erfreulich, wie er denkt. Wenige können es, und vor allem Salazar Slytherin war dafür berühmt. Deshalb ist die Schlange das Wappentier des Hauses Slytherin.

Patil, Parvati, gehört zu den Gryffindors. Sie ist ein Fan von Professor Trelawney.

Patronus-Zauber, ist ein Schutz gegen die Dementoren, die alle positiven Gefühle aus einem Menschen heraussaugen (III 247f.). Der durch den Zauber geschaffene Patron bildet ein Schild, das aus einem Abbild eigener guter Erinnerungen besteht. Da er keine Verweiflung kennt, können ihm die Dementoren nicht schaden. Die Zauberformel lautet: „Expecto patronum", wobei man fest an sein glücklichstes Erlebnis denken muß. HP erlernt diesen Zauber von Professor Lupin. Allerdings ist es nicht so einfach, einen wirksamen Patron hervorzubringen, weil die Gegenwart der Dementoren es sehr schwer macht, einen glücklichen Gedanken zu fassen. Den besten Patron ruft HP am Ende herbei: die Gestalt des Hirschen, in den sich sein Vater verwandeln konnte (III 424).

Peeves, ist ein übler Poltergeist in Hogwarts, und er liebt es besonders, Erstklässler zu ärgern. Er taucht unversehens auf und lärmt herum, was natürlich vor allem dann unangenehm ist, wenn man nachts verbotenerweise im Schloß umherstreicht. Eine andere seiner

Lieblingsbeschäftigungen ist auch ist das Verkleben von Schlüssellöchern.

Die **Peitschende Weide**, ist ein ziemlich feindseliger Baum auf dem Gelände von Hogwarts. Erst demoliert sie den Ford der Weasleys (II 78f.), dann HP's Nimbus Zweitausend. Sie wurde gepflanzt, als Lupin Schüler in Hogwarts wurde, um den Eingang des Geheimtunnels zur Heulenden Hütte zu sichern, in der dieser sich während der monatlichen Verwandlung zu einem Wolf versteckte (III 366). Man muß eine bestimmte Stelle an ihrem Stamm berühren, damit die Weide außer Gefecht gesetzt wird.

Pettigrew, Peter, war einer von James Potters Freunden. Er soll Sirius Black aufgespürt haben und bei dem Versuch, ihn festzunehmen, ums Leben gekommen sein (III 217). Die Wahrheit sieht anders aus: nicht Black, sondern Pettigrew war der Geheimnisträger von James und Lily Potter, und er hat sie auch an Voldemort verraten. Als Black ihn gestellt hatte, hat er sich in eine Ratte verwandelt und ist untergetaucht. Aber er war in den letzten Jahren nicht weit weg: Pettigrew ist Rons Ratte Krätze (III 361ff.).

Als Schüler war er der Freund von Lupin, Black und James Potter, und er lernte auch von ihnen, sich in ein Tier zu verwandeln. Nicht besonders begabt, stand er im Schatten seiner Freunde, und seine große Stunde kam, als er in die Gefolgschaft Voldemorts eintreten konnte.

Am Ende von HP's drittem Schuljahr haben Black und Lupin ihn in der Heulenden Hütte endlich gestellt und gezwungen, seine menschliche Gestalt anzunehmen. Bevor sie ihn den Dementoren übergeben können, gelingt es Pettigrew jedoch zu fliehen. Ist er nun auf dem Weg zu seinem alten Meister? Dumbledore glaubt allerdings, daß er diesem nicht mehr sehr nützlich sein kann. Denn HP hat Pettigrew das Leben gerettet, indem er verhindert hat, daß Black und Lupin ihn gleich töten. So steht Pettigrew durch magische Bande in HP's Schuld (III 439f.).

Pince, Madame, ist die Bibliothekarin von Hogwarts (I 216). Sie wacht über die Bücherbestände, aber ihrer dürren Gestalt nach zu urteilen, könnte ihr etwas frische Luft gut tun.

Polkiss, Piers, ist der ebenso ungeratene Freund von Dudley Dursley (I 29). Er sieht aus wie eine Ratte und hilft Dudley, wenn der gerade wieder einmal dabei ist, jemanden zu verprügeln. Ansonsten beteiligt er sich an Dudleys Lieblingssport: Harry jagen (I 38).

Pomfrey, Madame, ist die Krankenschwester von Hogwarts. Sie wacht mit Argusaugen über die Genesung der ihr anvertrauten Patienten. Natürlich gibt es für alle Krankheiten entsprechende Zaubertränke, im Unterschied zur Medizin der Muggels sogar gegen Erkältungen.

Potter, Harry, unser Held hat ein schmales Gesicht, knubbelige Knie, schwarzes, wild wucherndes Haar und hellgrüne Augen (I 26). Das einzige, was er selbst an seinem Aussehen mag, ist eine blitzförmige Narbe, die die Erinnerung an jenes denkwürdige Ereignis ist, als ihn Voldemort, der Meister des Bösen, mit einem mächtigen Fluch zu töten versuchte und scheiterte (I 20). Die Narbe ist sein sechster Sinn: sie fängt an zu schmerzen, wenn ein schwarzer Magier in der Nähe ist, oder sonst irgendetwas nicht stimmt.

Daß er ein Zauberer ist, erfährt HP erst an seinem 11. Geburtstag von Hagrid, an einem ziemlich wüsten Ort: eine schäbige Hütte in tosender See, zu der ihn sein Onkel geschleppt hat, um eben dies zu verhindern. Da er bei den Muggels, seinen drögen Pflegeeltern Dursley und deren Sohn, aufgewachsen ist, kennt er sich in der Welt der Zauberer erstmal gar nicht aus. Dafür ist er bei diesen eine Berühmtheit, von der jedes Kind gehört hat. Er steht sogar in der „Geschichte der modernen Magie", im „Aufstieg und Niedergang der dunklen Künste" und der „Großen Chronik der Zauberei des 20. Jahrhunderts" (I 118). Aber erst einmal gilt es für ihn, aus einem berühmten Namen auch einen berühmten Jungen zu machen.

Sein Leben ändert sich völlig, als er in die Zaubererschule von Hogwarts aufgenommen wird. Hier entdeckt er seine verborgenen Fähigkeiten, findet Selbstvertrauen und vor allem Freunde. Er ist in der Schule kein besonderes Genie auf dem Gebiet der Zaubertränke, und Bücher auswendig zu lernen, behagt ihm auch nicht besonders. Dafür ist er ein begnadeter Quidditch-Spieler und beherrscht den Flugbesen meisterhaft.

Daß auch eine Berühmtheit in Ungnade fallen kann, merkt er schnell, als er mit einer nächtlichen Drachenversandaktion 150 Strafpunkte für Gryffindor einkassiert. Von nun an schneiden ihn die anderen, bis auf seine Freunde Ron Weasley und Hermine Granger. Wie sagt Professor Lockhart: „Ruhm ist ein tückischer Begleiter" (II 125), und der muß es schließlich wissen. Die Gunst der Menge gewinnt HP natürlich wieder, als er den Stein der Weisen rettet. So kann HP die Erfahrung machen: nur wirkliche Freunde sind zuverlässig.

In seinem ersten Jahr auf der Zaubererschule muß HP gleich seine ganzen Fähigkeiten unter Beweis stellen, um den Stein der Weisen vor Voldemort zu schützen. Erst verdächtigt er Professor Snape, den Stein für diesen stehlen zu wollen. Aber der Schein trügt. Der ängstliche Quirrell fürchtet sich nicht vor Vampiren, wie er tut. Wohl aber hat er allen Grund, Angst zu haben. Voldemort hat von ihm Besitz ergriffen und so steht HP am Ende der Geschichte Voldemort von Angesicht zu Angesicht gegenüber (I 318ff.). Zwar hat HP mit Dumbledores Hilfe wieder gesiegt, aber Voldemort wird nicht ruhen.

Irgendjemand scheint zu Beginn seines zweiten Schuljahres mit aller Macht verhindern zu wollen, daß er zurück nach Hogwarts kommt. Erst taucht ein tückischer Elf auf, dem er einen Hausarrest verdankt, dann öffnet sich der Durchgang zum Hogwarts-Express auf dem Bahnhof nicht. Was erwartet ihn in der Schule?

Zunächst mal Gilderoy Lockhart, der Nachfolger von Quirrell und auf seine Weise eine wahre Plage. Unbeschreiblich eitel, setzt er seine Person mit dem Gehabe eines Weltstars überall in Szene, und rückt HP ständig gönnerhaft zu Leibe, wahrscheinlich, um von dessen Ruhm etwas abzubekommen.

Aber Lockhart ist harmlos. Das Unheil beginnt, als HP plötzlich eine gräßliche Stimme hört, die sonst niemand zu vernehmen scheint: „Komm zu mir ... laß mich dich zerreißen ... ich rieche Blut“ (II 126, 144). Als an einer Schulwand auch noch die Inschrift erscheint: „Die Kammer des Schreckens wurde geöffnet. Feinde des Erben nehmt euch in acht“ (II 145), ist klar, daß das uralte Böse entfesselt wurde.

HP wird mit der Legende von der Kammer des Schreckens konfrontiert und mit der Frage nach seiner eigenen Vergangenheit. Wer ist der wahre Erbe von Salazar Slytherin? Vielleicht er selbst? Zu seiner gänzlichen Verwirrung entdeckt er, daß er die Schlangensprache Parsel beherrscht, ein Merkmal der Erben Slytherins (II 203ff.). Und er weiß schließlich nichts über seine Vorfahren.

Wieder einmal hat Voldemort seine Finger im Spiel. HP erfährt, daß dieser als Tom Riddle in Hogwarts Schüler war. Er hat sein Ich aus jener Zeit in einem Tagebuch so bewahrt, daß er nun wieder Gestalt annehmen, zurückkehren und den Basilisken aus der Kammer des Schreckens befreien konnte. Die erneute

Begegnung mit Voldemort macht die Frage drängender: was in HP's Vergangenheit verbindet ihn mit diesem? Haben sie nicht ähnliche Eigenschaften, z.B. die Beherrschung der Schlangensprache? Dumbledore glaubt, daß Voldemort beim vergeblichen Todesfluch Eigenschaften auf HP übertragen hat (II 343). Aber welche, und wie wird er mit ihnen umgehen?

Vor Beginn seines dritten Schuljahres sieht es nicht so aus, als ob HP die Schule jemals wiedersehen wird. Schließlich hat er die Schwester von Mr. Dursley zu einem Luftballon aufgeblasen und auf unbefugte Zauberei steht Schulverweis. Seltsamerweise wird er mit Samthandschuhen behandelt, und er erfährt auch den Grund: der gefährliche Verbrecher Sirius Black ist aus Askaban ausgebrochen, mit dem Ziel, ihn zu töten (III 71f.). Die Omen scheinen tatsächlich ungünstig: Der Grimm verfolgt ihn, und wo dieser Riesenhund auftaucht, wartet der Tod. Überdies begegnet HP zum erstenmal den Dementoren, den Wachen von Askaban. Sie saugen alle positiven Gefühle ab und zurück bleibt nur noch die schrecklichste Erinnerung HP's: Er hört die letzten Worte seiner Mutter, bevor Voldemort sie getötet hat. Als wäre dies nicht genug, erfährt er auch noch, daß Sirius Black sein Pate und der beste Freund seines Vaters war und daß er die Potters an Voldemort ausgeliefert hat (III 213ff.).

Erst am Schluß des Schuljahres offenbart sich jedoch die Wahrheit. Nicht Black ist der Verräter, sondern Pettigrew, ein anderer Freund seines Vaters, und der war überdies als Rons Ratte die ganze Zeit in seiner

Nähe. Obwohl Black, Lupin und HP mit seinen Freunden schließlich Pettigrew in menschlicher Gestalt in die Hände bekommen, gelingt es diesem wieder zu fliehen. So gibt es keinen Beweis für Blacks Unschuld. Er muß sich verstecken und kann auch nicht HP's Vormundschaft übernehmen, die ihm die Potters zugedacht hatten. Bedauerlicherweise heißt dies: Sommerferien wie gewohnt.

Potter, Lily und James, waren die leiblichen Eltern von HP und hervorragende Zauberer. Voldemort, der Lord der schwarzen Magie hat sie getötet, um an HP heranzukommen, als der ein Jahr alt war, aber es ist ihm nicht gelungen, auch ihn zu beseitigen. Lily hat HP mit ihrem Leben geschützt, und so prallte Voldemorts Todesfluch von dem Kind ab und hat diesen selbst getroffen.

Seine Familie sieht HP erstmals im Spiegel NERHEGEB (I 228), und zum Abschluß des ersten Schuljahres schenkt ihm Hagrid ein Album mit Photos von seinen Eltern (I 330). Sein Vater ist groß, schlank und mit schwarzem Haar, das genauso widerspenstig ist, wie seines. Seine Mutter ist eine wunderschöne Frau, mit roten Haaren und denselben hellgrünen Augen wie er.

Als die Potters wußten, daß Voldemort sie verfolgt, haben sie sich mit Hilfe eines Fidelius-Zaubers versteckt, aber einer von James Potters Freunden, Peter Pettigrew, hat sie verraten (III 213ff.). Weil dieser in eine Ratte verwandelt entfliehen konnte, fiel der Verdacht auf Sirius Black, den Paten HP's, der der ursprünglich vorgesehene Träger des Fidelius-Zaubers sein sollte.

Ein weiterer Freund von James Potter in Hogwarts war Remus Lupin, den HP später als Lehrer kennenlernt. Lupin ist ein Werwolf, und ihm zuliebe haben James, Black und Pettigrew gelernt, sich in Tiere zu verwandeln (James in einen mächtigen Hirsch). Zusammen haben die vier auch die Karte des Rumtreibers verfaßt.

Quaffel, ist der hellrote, fußballgroße Ball, der beim Quidditch-Spiel von den Jägern durch die Tore geworfen werden muß, um Punkte zu sammeln.

Quidditch, ist der Zauberersport (I 183ff.). Er wird in der Luft auf Besen mit vier Bällen und je sieben Spielern ausgetragen. Auf dem Feld laufen drei Dinge gleichzeitig ab: 1. Die drei Jäger spielen sich den hellroten, fußballgroßen Quaffel zu und versuchen ihn durch die Ringe zu werfen, die an beiden Enden des Spielfeldes an drei Pfeilern in etwa 20 Metern Höhe angebracht sind. Jedes Tor zählt zehn Punkte. Der Hüter fliegt um die eigenen Ringe herum und versucht die andere Mannschaft am Tore werfen zu hindern. 2. Es sind zwei kleinere, schwarze Bälle im Spiel, die herumschwirren und die Spieler von den Besen werfen wollen. Die Aufgabe der beiden Treiber ist es, die eigenen Spieler vor den Klatschern zu schützen und sie auf den Gegner zu hetzen. 3. Der vierte Ball ist so groß wie eine Walnuß mit flatternden Flügeln. Er heißt „Goldener Schnatz" und ist kaum zu kriegen, weil er sehr schnell ist. Der Sucher muß diesen Ball als erster zu fangen versuchen, was seiner Mannschaft entscheidende 150 Punkte einbringt. Das Spiel ist erst zu Ende, wenn der Schnatz eingefangen ist.

In dem maßgebenden Werk „Quidditch im Wandel der Zeiten" kann man nachlesen, daß es 700 Arten von Fouls gibt, die in einem Spiel von 1473 tatsächlich alle vorgekommen sein sollen, daß Spieler eher selten zu Tode kommen, während Schiedsrichter sich gelegentlich irgendwo am anderen Ende der Erde wiederfinden (I 199).

Die Mannschaft von Gryffindor besteht aus dem Kapitän und Hüter Oliver Wood, den Treibern Fred und George Weasley, den Jägerinnen Alicia Spinnet, Katie Bell und Angelina Johnson, sowie HP als Sucher (II 112). HP ist nicht nur der jüngste Sucher einer Quidditch Mannschaft, er hält auch den Rekord für das kürzeste Spiel: nach fünf Minuten hatte er den Schnatz gefangen (I 245) — das längste soll übrigens drei Monate gedauert haben.

Gleich das erste Match, das HP bestreitet, wird zu einem chaotischen Abenteuer, weil sein Besen verhext wird und er abzustürzen droht. Bei einem anderen Spiel hat er es mit einem verzauberten Klatscher zu tun, der nur noch darauf aus ist, ihn aus dem Weg zu räumen (II 175ff.). So bleiben die Spiele doch noch spannend, auch wenn er trotz solcher Widrigkeiten unschlagbar ist, bis die Dementoren auftauchen. Der

Schwindel, der ihn in ihrer Anwesenheit befällt, verursacht seine erste Niederlage (III 187f.).

Das zweite Schuljahr beginnt zusätzlich mit einer bösen Überraschung für die Gryffindors. Nicht nur daß HP's Erzfeind Draco Malfoy jetzt Sucher der Slytherins ist, sein Vater hat auch der gesamten Mannschaft den Superbesen Nimbus Zweitausendeins spendiert (II 116). Zum Glück kann HP im nächsten Jahr mit seinem neuen Feuerblitz gleich nachziehen und zum erstenmal seit langem erobern die Gryffindors den Pokal.

Quirrell, Professor, lehrt Verteidigung gegen die dunklen Künste in Hogwarts (I 79f.). Nachdem er angeblich auf Vampire gestoßen ist, ist er nur noch ein Nervenbündel und hat Angst vor allem und jedem. Jede Menge Knoblauch soll ihn vor einem rumänischen Vampir schützen, von dem er glaubt, daß der ihn eines Tages holen werde (I 148).

In Wirklichkeit aber hat ihn das Böse bereits eingeholt. Er ist Diener von Voldemort, dem er bei einer seiner Reisen begegnet ist (I 316ff.). Unter seinem Turban verbirgt er deshalb auch keinen Knoblauch, sondern die häßliche Fratze von Voldemort, der von seinem Körper Besitz ergriffen hat. Quirrell versucht an den Stein der Weisen zu kommen, der dem schwarzen Magier neues Leben schenken kann. Als er im Kampf gegen HP versagt, wird er von Voldemort getötet (I 323).

Ravenclaw, ist eines der vier Schulhäuser von Hogwarts. Hierhin gehören die schnellen Denker und Gelehrten (I 130).

Reisen, die Welten der Zauberer und der Muggels bestehen nebeneinander, nur kriegen die Muggels davon meist nichts mit. Sie sehen sozusagen die Türen nicht, wie die im Hof der Kneipe „Zum Tropfenden Kessel" oder zwischen Gleis neun und zehn im Bahnhof King's

Cross. Die Zauberer kennen neben Zügen und dergleichen natürlich auch ganz besondere Reisemöglichkeiten: z.B. mit Flohpulver von Kamin zu Kamin.

Riddle, Tom Vorlost, ist ein Schüler, der vor 50 Jahren eine Verdienstmedaille erhalten hat, weil er denjenigen überführt haben soll, der die Kammer des Schreckens geöffnet hat (II 240). HP findet sein magisches Tagebuch und kann dadurch in dessen Erinnerungen eindringen. Riddle ist damals 16 Jahre alt, Vertrauensschüler in Hogwarts und wie HP eine Waise. Er entdeckt das Spinnenmonster, das Hagrid großgezogen hat, schwärzt diesen an und scheint damit die Schule vom Bösen befreit zu haben (II 251ff.).

So sieht es nach außen hin aus. In Wirklichkeit ist er selbst das Böse, er ist Lord Voldemort, ein Name, den er sich schon als Schüler zugelegt hat, um nicht den seines Muggelvaters tragen zu müssen. Er hatte die Kammer des Schreckens geöffnet und nur Dumbledores Wachsamkeit veranlaßte ihn, sie wieder zu schließen (II 320ff.). Kraft seines Tagebuchs, in dem er sein 16jähriges Ich bewahrt hat, und mit Ginny Weasleys unbeabsichtigter Hilfe ist er zurückgekehrt. Wieder hat er den Basilisken aus der Kammer des Schreckens befreit und hetzt ihn auf muggelstämmige Schüler. Aber sein eigentliches Ziel ist nun HP, der durch die Riesenschlange sterben soll. Doch abermals muß sich Voldemort geschlagen geben, und seine fleischgewordene Erinnerung erlischt, als HP den Giftzahn der Schlange ins Tagebuch stößt (II 331f.).

Rosmerta, Madame, ist die Wirtin der „Drei Besen" in Hogsmeade (III 209).

Rotkappen, fiese, kleine Geschöpfe, die sich da herumtreiben, wo Blut vergossen wurde (III 148): Kerker, Schlachtfelder, Richtplätze.

Schlammblut, (d.h. schmutziges Blut) ist ein übles Schimpfwort für jemanden, dessen Eltern nicht Zauberer sind (II 121). Solche Worte verwenden nur die Malfoys in ihrer maßlosen Einbildung auf ihren Stammbaum.

Schlangen, bei seinem ersten Zoobesuch mit seinen Pflegeeltern hat HP ein anregendes Gespräch unter Leidensgenossen mit einer Riesenschlange, die wie er in Gesellschaft von unerträglichen Leuten lebt. Auf wun-

dersame Weise löst sich das Glas ihres Käfigs in Nichts auf, was dieser zu einer Reise nach Brasilien und HP zu seinem längsten Arrest verhilft (I 34ff.). Zu diesem Zeitpunkt weiß HP noch nicht, daß es eine besondere Gabe ist, Parsel, die Schlangensprache, zu beherrschen (II 203f.). Seine spätere Begegnung mit einer ganz besonderen Schlange ist weniger erfreulich: dem Basilisken aus der Kammer des Schreckens (II 327ff.). Slytherin, einer der Gründer von Hogwarts, hat dieses Ungeheuer dort verborgen. Die Schlange ist auch das Symbol des Hauses Slytherin.

Schlüssel, gibt es auch in der Zaubererwelt, denn nicht alle Türen lassen sich mit einem Zauberspruch oder Paßwort öffnen. Einige Schlüssel fliegen in der Luft herum, wie der für die Gruft zum Stein der Weisen unter Hogwarts. Da trifft es sich gut, daß HP der jüngste — und beste — Quidditch-Sucher aller Zeiten ist (I 304).

Schnatz, der walnußgroße, goldene Ball ist für das Quidditch-Spiel entscheidend. Der Sucher jeder Mannschaft versucht, ihn als erster zu fangen. Damit ist das Spiel beendet, und zusätzlich sind 150 Punkte eingebracht.

Schokoladenriegel, sind eine wirksame Medizin, um den bei einem Dementor-Angriff erlittenen Glücksverlust wieder gut zu machen (III 90).

Schulhäuser, Gryffindor, Hufflepuff, Ravenclaw und Slytherin sind die vier Schulhäuser von Hogwarts. Sie sind benannt nach den vier Gründern von Hogwarts: Godric Gryffindor, Helga Hufflepuff, Rowena Ravenclaw und Salazar Slytherin (II 157). Das Haus ist sozusagen die Familie der Schüler, wo sie schlafen, lernen und die Freizeit verbringen. Jeder Schüler sammelt mit guten Leistungen Punkte für sein Haus und verliert welche, wenn er etwas anstellt. Das Haus mit der höchsten Punktzahl erhält am Jahresende als Auszeichnung den Hauspokal (I 127). Sechs Jahre hintereinander gehörte er Slytherin, und fast sieht es so aus, als hätten sie es wieder geschafft. Aber niemand sollte sich zu früh freuen, denn wie jeder weiß: abgerechnet wird am Schluß (I 332).

Schwarze Magie, auch unter Zauberern gibt es solche, die sich vom Bösen angezogen fühlen und ihre Kräfte zum Schaden anderer verwenden. Diese Art Magie ist natürlich verboten, und so wird sie meist nur von einzelnen und heimlich verwendet. Aber jemandem wie Voldemort kann es gelingen, die in jedem schlummernde Versuchung zu wecken und Scharen von Anhängern zu sammeln.

Lehrer für das Fach „Verteidigung gegen die dunklen Künste“ zu finden, wird immer schwerer (II 120). Lockhart ist unfähig und Quirrell ihnen selbst erlegen. Wie heißt es doch: „wer mit Ungeheuern kämpft, mag zusehen, daß er nicht selbst zum Ungeheuer wird“. Professor Lupin ist endlich ein guter und beliebter Lehrer. Aber auch er kann nur ein Jahr bleiben. Der Fluch, der auf ihm lastet, macht ihn ohne seine Absicht gefährlich: er ist ein Werwolf.

Seidenschnabel, ist Hagrids Lieblings-Hippogreif. HP darf mit ihm einen Flug wagen (sein Besen scheint ihm aber doch sicherer zu sein). Malfoy dagegen bekommt es mit dem scharfen Schnabel zu tun, als er ihn beleidigt, und muß auf die Krankenstation (III 125). Das ist das Todesurteil für Seidenschnabel. Malfoys Vater erreicht, daß er von der Abteilung für die Beseitigung gefährlicher Geschöpfe verurteilt und hingerichtet wird. Zum Glück hat Hermine einen Zeitumkehrer und so kann HP in die Vergangenheit zurück und nicht nur Seidenschnabels Leben retten.

Shunpike, Stan, ist der Schaffner des Fahrenden Ritter (III 38). Er erzählt HP von Sirius Black und dessen Anhängerschaft zu Voldemort.

Sickel, silberne Münze; 17 Silbersickel sind eine Galleone und 29 Knuts sind ein Sickel (I 85).

Sinistra, Professor, lehrt Astronomie in Hogwarts (II 212). Sein Unterricht findet mitternachts auf dem höchsten Turm statt.

Skele-Wachs, schmeckt scheußlich, verbrennt einem den Mund, läßt aber ansonsten über Nacht Knochen nachwachsen (II 182).

Slytherin, ist eines der vier Schulhäuser von Hogwarts, mit der Schlange als Wappentier. Hierher gehören alle, die mächtig werden wollen. Man findet echte Freunde, aber auch List und Tücke (I 130). Voldemort und seine Anhänger stammen von dort (I 90), und HP's Erzfeind Draco Malfoy ist natürlich ein Slytherin. Die Räume des Hauses liegen bezeichnenderweise in den Verliesen unter dem Schloß (II 230).

Slytherin, Salazar, ist einer der Gründer von Hogwarts. Von ihm stammt die Ideologie, daß nur reinblütige Zauberer hier studieren dürfen, weil er den Muggels mißtraute. Der Legende nach soll er, als er Hogwarts verlassen hat, die Kammer des Schreckens versiegelt haben, die nur sein wahrer Erbe dereinst öffnen wird (II 158). Voldemort ist über die Linie seiner Mutter der letzte Nachfahre Slytherins.

Snape, Severus, ist Professor für Zaubertränke. Es heißt allerdings, daß er sehr an der schwarzen Magie interessiert ist und gern Lehrer für Verteidigung gegen die dunklen Künste werden möchte. Daß mit ihm irgendetwas nicht stimmt, merkt HP schon während des Banketts zur Eröffnung seines ersten Schuljahres. Snapes kalter Blick verursacht einen heißen Schmerz in seiner Narbe (I 139). Wie es nicht anders sein könnte, ist er der Hauslehrer von Slytherin (I 149). Auch sein Äußeres wirkt nicht besonders attraktiv: dünn, fahlhäutig, mit Hakennase und fettigem Haar (II 82). Wahrscheinlich liegt das an seinem Arbeitsplatz, den dunklen, vom Dampf der Zaubertränke durchzogenen Verliesen unterhalb des Schlosses.

Den Zaubertrank-Unterricht bei Snape haben die Gryffindors unglücklicherweise zusammen mit den Slytherins. So sind ständige Reibereien unvermeidlich. Snape bevorzugt natürlich seine Schützlinge und nutzt jede Gelegenheit, den Gryffindors eine Strafe aufzubrummen.

Snape haßt HP und schikaniert ihn, wo er kann, denn er war mit dessen Vater verfeindet, als beide in Hogwarts Schüler waren (I 315). Genau der richtige Typ, um mit Voldemort im Bunde zu sein. Gleich im ersten Schuljahr macht er sich verdächtig, den Stein der Weisen stehlen zu wollen, der vom dreiköpfigen Monsterhund Fluffy auf Hogwarts bewacht wird (I 200). Doch nicht alles ist so, wie es scheint. Snape ist nicht der Verräter, sondern der unauffällige Quirrell. Snape hat im Gegenteil sogar versucht, HP's Leben zu schützen.

Nichtsdestoweniger bleibt er ein von Haß und Neid zerfressener Mann, vielleicht wäre er ansonsten kein schlechter Lehrer, denn Intelligenz und Fachkenntnisse besitzt er. Als er im dritten Schuljahr eine Unterrichtsstunde für den erkrankten Lupin übernimmt, löst er fast eine Klassenrevolte aus, weil er den beliebten Lehrer, wo er kann, schlecht macht (III 179ff.). Aber die Hausaufgabe über Werwölfe ist nicht so willkürlich, wie es scheint.

Aus seiner Sicht hat Snape allen Grund, James Potter und dessen damalige Freunde Lupin und Black zu verachten. Black hat ihm einen Streich gespielt, der ihn das Leben gekostet hätte, wenn Potter nicht eingegriffen hätte (III 368f.). Daß er diesem aber nun sein Leben verdankt, macht die Sache nur schlimmer. Sein Haß steigert sich zum Irrsinn, als er den vermeintlichen Verbrecher Black endlich in der Heulenden Hütte stellen kann (III 372ff.). Daß Black letztendlich entkommt und er wieder nichts gegen seinen Erzfeind ausrichten kann, dürfte die Wunde in seiner kranken Seele noch vertiefen.

Sommerferien, sind für HP leider nicht so erfreulich, wie für andere. Er muß dann zu seinen spießigen Pflegeeltern zurück, die ihn nicht ausstehen können. Sein Geburtstag am 31. Juli fällt auch immer in die Ferien, und an Feiern ist unter diesen Umständen nicht zu denken. Die Dursleys wollen von magischen Dingen nichts wissen, und aus Angst, HP könne sie verhexen, werden alle Zauberutensilien weggeschlossen. So kann HP nur darauf warten, daß die Ferien bald vorübergehen. Ein Lichtblick ist es immerhin, wenn er von seinen Freunden Post bekommt, denn besuchen dürfen sie ihn natürlich nicht. Allerdings gelingt es ihm meistens, daß besondere Umstände die Zeit bei den Dursleys verkürzen: einmal kann er bei den Weasleys wohnen, ein andermal zwei Wochen im „Tropfenden Kessel“.

Spinnen, die meisten Menschen mögen sie nicht besonders, und Aragogs Spinnennest im Verbotenen Wald ist auch nicht gerade einladend (II 285ff.). Immerhin geben die aus dem Schloß flüchtenden Spinnen einen wichtigen Hinweis auf das Monster aus der Kammer des Schreckens: Spinnen flüchten vor dem Basilisken (II 299).

Sprechender Hut, ein alter, fleckiger Zaubererhut, der die Schüler ihren Eigenschaften entsprechend den vier Häusern von Hogwarts zuordnet (I 130). Während man ihn aufhat, flüstert er einem ins Ohr, so erfährt man auch etwas über sich selbst.

Der Hut hat HP zwar nach Gryffindor geschickt, aber er ist sich sicher, daß er auch bei den Slytherins gut aufgehoben gewesen wäre. In der Kammer des Schreckens gelingt es HP jedoch, das Schwert von Godric Gryffindor aus dem Hut zu holen, ein Beweis, wohin er rechtmäßig gehört (II 344).

Sprout, ist Professorin für Kräuterkunde. Sie ist plump, klein, mit Flickenhut und entsprechend ihrer Tätigkeit meist voller Erde. Immerhin lernt man bei ihr dreimal die Woche, wozu Kräuter und Pilze nützlich sind und wie man sie züchtet (I 147). Sie ist die Herrin über die Gewächshäuser in Hogwarts und beherrscht zum Glück auch die Alraunenzucht, was den vom Basilisken Versteinerten das Leben rettet.

Squib, ist jemand der zwar aus einer Zaubererfamilie stammt, selbst aber keine magischen Fähigkeiten hat (II 152). Der Hausmeister Filch ist ein Squib und deshalb versucht er, in einem Kwikzauberkurs ein bißchen was zu lernen. Wahrscheinlich vergeblich.

Der **Stein der Weisen**, ist ein sagenhafter Stoff, der jedes Metall in Gold verwandeln kann. Er wird auch zur Herstellung des Elixiers des Lebens benötigt, das Unsterblichkeit verleiht. Der einzige noch vorhandene Stein gehört Nicolas Flamel (I 240)

Dieser Stein war in Verlies siebenhundertneunzehn bei Gringotts aufbewahrt, war da aber nicht mehr sicher. Rechtzeitig bevor ihn jemand zu stehlen versuchte, hat Dumbledore ihn nach Hogwarts gebracht. Dort wird er von Fluffy, dem dreiköpfigen Hund bewacht und von einer Menge Zaubersprüche, die die Lehrer ausgesprochen haben. Leider gelingt es dem von Voldemort besessenen Quirrell, alle Schutzmaßnahmen zu überwinden, und nur dank dem Einsatz von HP und seinen Freunden wird der Stein gerettet. Dum-

bledore und Flamel beschließen daraufhin, ihn zu zerstören, und so wird sich Flamels langes Leben seinem Ende zuneigen (I 322).

Sucher, der wichtigste Spieler im Quidditch-Match. Er muß den Schnatz fangen, was 150 Punkte einbringt und das Spiel beendet. Ein scharfes Auge, meisterhafte Flugkünste und ein schneller Besen sind hier gefragt.

Tagesprophet/Abendprophet, ist die Zeitung der Zauberer (I 119). Hier finden sich so interessante Informationen wie die, daß jemand versucht hat, Gringotts auszurauben, oder daß die Muggels glauben, einen fliegenden Wagen gesehen zu haben.

Tagebuch, von Tom Riddle. HP entdeckt es im Klo der Maulenden Myrte, wo irgend jemand versucht hat, es verschwinden zu lassen (II 240). Es ist 50 Jahre alt — und hat nicht vor genau dieser Zeit jemand zum ersten Mal die Kammer des Schreckens geöffnet? Allerdings steht überhaupt nichts drin. Scheinbar. Denn erst wenn man in ihm zu schreiben versucht, verschwindet die Tinte zwar wieder, aber Tom Riddle schreibt zurück (II 249f.). Das Buch kann aber noch viel mehr. In ihm öffnet sich ein Fenster durch das HP in die Erinnerungen Riddles eindringen kann und so in die Geschehnisse des Jahres 1943 zurückversetzt wird.

Er sieht Riddle als Vertrauensschüler, Dumbledore als Lehrer, der diesen offenbar nicht besonders mag, und Hagrid, der ein riesiges Spinnenmonster im Verlies versteckt hat (II 257). Hat also Hagrid die Kammer des Schreckens geöffnet? Riddle entlarvt ihn, bekommt eine Verdienstmedaille und Hagrid fliegt von der Schule.

Erst als er am Ende selbst bis zur Kammer des Schreckens vordringt, erfährt HP, was das Tagebuch wirklich ist. In ihm ist das Selbst des 16jährigen Riddle über die Zeit als Erinnerung bewahrt. Riddle ist niemand anderes als Voldemort, der das Erbe Slytherins vollenden will (II 321ff.). Aus dem Buch bezieht er neues Leben, als Ginny Weasley es findet und darin zu schreiben beginnt. Als HP in der Kammer des Schreckens den Giftzahn des Basilisken ins Herz des Buches stößt, ist der Spuk vorbei und Voldemort verschwindet (II 332).

Tarnumhang, der unsichtbar macht. HP erhält ihn an seinem ersten Weihnachtsfest in Hogwarts (I 219f.). Er hat seinem Vater gehört, der damit auch einigen Unsinn angestellt hat. Dumbledore hat den Umhang HP gegeben, damit er ihn klug benutzen soll.

Taschenspickoskop, ein solches Gerät bekommt HP zu seinem 13. Geburtstag von Ron geschenkt. Es soll aufleuchten, wenn jemand in der Nähe ist, dem man nicht trauen kann (III 14). Aber ob dieses Touristensouvenir aus Ägypten wirklich funktioniert?

Teeblätter, man trinkt den Tee bis auf den Bodensatz aus, schwenkt die Tasse dreimal mit der linken Hand und stülpt den Rest auf die Untertasse. Was dann dort zu liegen kommt, enthüllt einem die Zukunft. Für die Deutung sollte man auf den Seiten fünf und sechs von „Entnebelung der Zukunft“ nachschlagen (III 111).

Teufelsschlinge, ein Gewächs, dem man nicht zu nahe kommen sollte. Wie der Name schon sagt, umschlingt sie ihre Opfer und quetscht sie zu Tode. Sie liebt es feucht und dunkel, deshalb ist sie in modrigen Verliesen heimisch. Mit Feuer kann man sie aber wirksam bekämpfen (I 301).

Thomas, Dean, ist Zimmergenosse von HP und ein Fußballfan.

Trelawney, Sibyll, ist die Professorin für Wahrsagekunst (III 108ff.). Sie ist ziemlich exzentrisch, angefangen von den Unmengen glitzernden Schmucks, mit dem sie sich behängt, bis hin zur Angewohnheit, ihr Zimmer kaum zu verlassen, weil das hektische Treiben draußen angeblich ihr Inneres Auge trübt. Ihr Arbeitsraum liegt ganz oben im Nordturm des Schlosses und ist nur über eine Falltür zu erreichen. Ausgestattet ist er mit viel Plüsch und dem, was man so zum Wahrsagen braucht: Karten, Teetassen, Kristallkugeln. Die Luft ist schwanger vom benebelnden Duft schweren Parfums.

Der Unterricht fängt gut an: seelenruhig erklärt sie, daß einer der Anwesenden an Ostern für immer von ihnen gehen wird (III 111). Aber als Wahrsagerin weiß sie ja am besten, daß alles vorherbestimmt ist. Kein Grund, sich

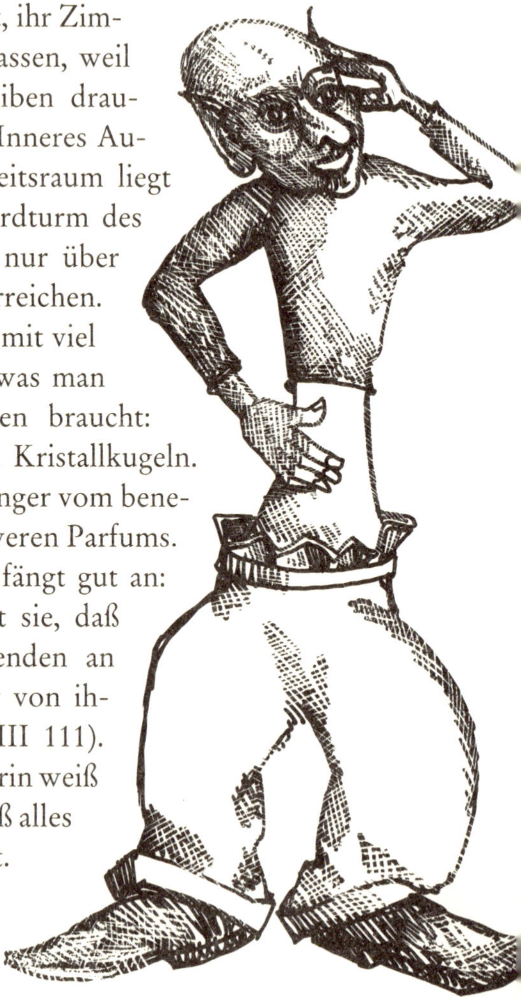

aufzuregen. In der Tat nicht, denn Professor McGonagall klärt die Schüler darüber auf, daß Trelawney jedes Jahr den Tod eines Schülers vorhersieht, ohne daß es bisher einen erwischt hätte. Sie denkt anscheinend nicht, daß die Kollegin zu den Wenigen gehört, die wahre Seher sind (III 116). Trelawney nährt sich von der Bewunderung ihrer Anhänger, die allerdings nicht sehr zahlreich sind: immerhin verehren sie Parvati Patil und Lavender Brown. Gelegentlich gelingt ihr doch einmal eine wahre Vision (schon die zweite, wie Dumbledore feststellt): Voldemorts Knecht wird seine Fesseln abwerfen und sich auf den Weg zurück zu seinem Meister machen (III 337). Schade, daß sie nicht sagt, wer der Knecht ist, aber das findet HP selbst heraus.

Trolle, verbreiten einen Geruch wie ungeputzte Toiletten. Über drei Meter groß, kurze, dicke Beine mit kleinem Glatzkopf und einer graufahlen Haut machen sie zu einer ziemlich furchterregenden Erscheinung (I 191). Zum Glück sind sie nicht besonders intelligent.

UTZ, „Unheimlich Toller Zauberer" ist der höchste Abschluß in Hogwarts (III 327).

Verbotener Wald, den die Schüler nicht betreten dürfen, umgibt das Schloß von Hogwarts. In ihm tummeln sich Werwölfe, Zentauren und zaubermächtige

Einhörner (I 273f.). Hier haust auch Aragog in ihrem Spinnennest, eines der Monster, das Hagrid leider großgezogen hat (II 285ff.).

Verliese bei Gringotts:

Siebenhundertelf, hier lagern die Goldbestände von Sirius Black (III 446).

Siebenhundertneunzehn, ist ein Hochsicherheitstresor, allerdings findet sich darin nur ein kleines braunes Päckchen (I 83ff.). Mit wertvollem Inhalt, wie sich später herausstellt: der einzige Stein der Weisen, den es noch gibt.

Vielsaft-Zaubertrank, verwandelt eine Person in eine andere (II 167). Das Rezept befindet sich in „Höchst potente Zaubertränke", das natürlich zu den verbotenen Büchern der Bibliothek gehört. HP, Ron und Hermine brauchen ihn, um sich in Slytherins zu verwandeln und Malfoy zu belauschen. Jemand anderes zu sein, ist natürlich keine Kleinigkeit und entsprechend kompliziert sind die Zutaten: Florfliegen (21 Tage geschmort), Blutegel, Flußgras (bei Vollmond gezupft), Horn eines Zweihorns und vieles mehr. Als letztes logischerweise ein Stück von demjenigen, in den man sich verwandeln will (II 172). Die Verwandlung selbst ist zudem eine schmerzhafte Angelegenheit, denn man muß erstmal einen plastischen Zustand annehmen, um zur Gestalt des anderen geformt werden zu können.

Voldemort, Lord (alias „Du-weißt-schon-wer", alias Tom Riddle), dessen Namen kaum jemand auszusprechen wagt, ist zur bösen Seite der Magie gewechselt. Er scharte zahlreiche Anhänger um sich und übernahm schließlich die Macht (I 63). Seine Magie war so stark, daß er selbst die besten Zauberer besiegen konnte, mit Ausnahme von Dumbledore. Nachdem er die Eltern von HP mit einem bösen Fluch getötet hat, versagt jedoch seine Zauberkraft bei diesem selbst (I 17, 64f.). Seitdem war er verschwunden, manche hielten ihn für tot. Aber er hatte nicht mehr genug Menschliches in sich, um wirklich sterben zu können. So existiert er als grauenerregende Kreatur an der Grenze von Leben und Tod, indem er sich des Körpers eines anderen bedient.

Solch ein unseliges Geschöpf ist Professor Quirrell. Von Voldemort besessen, versucht er den Stein der Weisen in seine Hand zu bekommen, mit dem dieser das ewige Leben erlangen will. Aber Voldemort ist nicht nur zu seinen Gegnern gnadenlos. Als Quirrell scheitert, vernichtet er ihn, um wieder ins Nirgendwo seiner Schattenexistenz zu verschwinden, bis er ein nächstes Opfer findet, das willig ist, ihm sein Herz und seinen Geist zu öffnen.

Voldemort war einer der begabtesten Schüler von Hogwarts, damals hieß er noch Tom Riddle. In seinem fünften Schuljahr gelingt es ihm, die Kammer des Schreckens zu öffnen, in der Salazar Slytherin den todbringenden Basilisken verborgen hat. Wegen der Wachsamkeit seines Lehrers Dumbledore muß er die Kammer wieder schließen, kann aber sein damaliges Selbst in einem magischen Tagebuch festhalten, damit seine Erinnerungen eines Tages wieder körperliche Gestalt annehmen können. Mit Hilfe der unwissenden Ginny Weasley lebt sein 16jähriges Ich in HP's zweitem Schuljahr wieder auf und entfesselt das Böse aus der Kammer des Schreckens. Erneut muß er sich jedoch HP geschlagen geben, doch für wie lange?

Wahrsagen, ist keine sehr exakte Zauberkunst, wie Professor McGonagall feststellt. Das hindert nicht daran, daß jeder Seher fest an seine Fähigkeiten glaubt, so wie Professor Trelawney. Man kann aus allem möglichen die Zukunft herauslesen: Teeblättern, Kristallkugeln, Händen, oder das Feuer-Omen befragen. Nur ein Zauberer zu sein, reicht allerdings nicht aus, und auch Bücher helfen nicht sehr weit: man muß mit dem Inneren Auge begabt sein (III 110). Zusätzlich wahrscheinlich mit der Gabe, möglichst vieldeutig zu reden.

Die **Weasleys**, sind eine große Zaubererfamilie, die an ihren roten Haaren und den Sommersprossen sofort erkennbar sind. Sie sind nicht besonders wohlhabend, dafür chaotisch, nett und gastfreundlich. Das Haus in Ottery St. Catchpole, „Fuchsbau" genannt, sieht aus, als ob es einmal ein großer Schweinestall war, der nach und nach ausgebaut wurde (II 35f.). Ron(ald) Weasley ist der beste Freund von HP. Seine älteren Brüder Percy, Fred und George gehen ebenfalls in Hogwarts zur Schule. Charlie ist Drachenforscher in Rumänien und Bill arbeitet für Gringotts in Ägypten. Der Vater Arthur ist im Zaubereiministerium beschäftigt und die Mutter Molly hat alles im Griff. Schließlich gibt es noch die kleine Schwester Ginny, die HP maßlos bewundert.

Als Mr. Weasley eines Tages den Großen Goldpreis des „Tagespropheten" gewinnt, kann sich die ganze Familie endlich einmal eine Reise zu Bill nach Ägypten leisten.

Weasley, Arthur, der Vater der Familie. Ein gutmütiger Mann, der selbst die Gnome in seinem Garten ihr Unwesen treiben läßt. Er leitet die aus zwei Personen bestehende Abteilung für den Mißbrauch von Muggelartefakten im Zaubereiministerium. Damit hat man sozusagen den Bock zum Gärtner gemacht. Er liebt es nämlich selbst, alle möglichen Muggelsachen auseinanderzulegen und — etwas verhext — wieder zusammenzubauen (II 35). Bei einer Inspektion seines eigenen Hauses müßte er sich selbst verhaften. Arthur ist fasziniert von der Muggelwelt und kann gar nicht genug darüber in Erfahrung bringen.

Weasley, Bill, er arbeitet als Fluchbrecher für die Zaubererbank Gringotts in Ägypten, d.h. er bannt die Flüche, mit denen die äpyptischen Magier die Schätze in den Pyramiden geschützt haben (III 12f.).

Weasley, Charlie, ist Drachenforscher in Rumänien. So hat er zum Glück Verwendung für den Drachen, den

Hagrid in Hogwarts unerlaubterweise großgepäppelt hat.

Weasley, Fred und George (Zwillinge), sind als Treiber in Gryffindors Quidditch-Mannschaft. Außerdem sind sie Experten für das Aufstöbern von Geheimgängen und sonstigen verbotenen Orten. Warum sie dabei so erfolgreich sind, erfährt HP, als sie ihm eines Tages die „Karte des Rumtreibers“ schenken. Sie verzeichnet jede Einzelheit des Schlosses, die Geheimgänge und wo sich wer gerade befindet (III 202).

Weasley, Ginny, die jüngste in der Familie ist eine glühende HP-Verehrerin. Sie kommt ein Jahr nach ihm auf die Schule in Hogwarts. Und hier wird sie gleich zu einer Schachfigur des Bösen. Lucius Malfoy hatte ihr das Tagebuch von Riddle zugespielt, und indem sie darin schreibt, verleiht sie Riddle, der niemand anderes als Voldemort ist, neues Leben. Mit ihrer Hilfe öffnet er wiederum die Kammer des Schreckens (II 318ff.). Ginny wird zu seinem Werkzeug und verliert immer mehr Lebenskraft, aus der sich Voldemort nährt. Natürlich kann HP sie schließlich aus der Umklammerung des Bösen befreien, was ihre Verehrung für ihn ins Unendliche steigern dürfte.

Weasley, Percy, ist Vertrauensschüler von Gryffindor und nimmt sein Amt maßlos wichtig. In den Sommerferien nach HP's erstem Schuljahr benimmt er sich ziemlich eigenartig, verschickt Massen von Briefen und schließt sich ein (II 34). Aber was so geheimnisvoll aussieht, ist zum Glück nur Verliebtheit (II 351). Im darauffolgenden Jahr wird er sogar zum Schulsprecher gewählt, was ihn natürlich zu einer ungeheuer bedeutenden Persönlichkeit macht (III 67).

Weasley, Ron, HP freundet sich mit ihm bei seinem Schulbeginn auf der Zugfahrt nach Hogwarts an (I 110ff.), wo sie ausgiebig verschiedene Leckereien vernaschen, wie Schokofrösche mit Sammelkarten oder „Bertie Botts Bohnen" in allen Geschmacksrichtungen. Ron ist verrückt auf Süßigkeiten, sogar solchen wie Säuredrops, die einem ein Loch in die Zunge brennen. Daß er zur Weasley-Familie gehört, ist sofort an seinem roten Haar und den Sommersprossen erkennbar. Sein Tier ist Krätze, die Ratte. Meistens schläft sie, kann aber auch plötzlich zum Angriff starten, z.B. wenn jemand versucht, Süßigkeiten zu räubern (I 121). Ron ist der jüngste Sohn der großen Familie, und da sie nicht sehr wohlhabend ist, muß er die abgelegten Sachen von seinen Brüdern weiterverwerten.

Ron ist HP's bester Freund und meistert mit ihm und Hermine auch die Hindernisse, die den Zugang zum Stein der Weisen schützen. Er ist ein guter Schachspieler, bei den Hausaufgaben aber verläßt er sich genauso wie HP lieber auf Hermine.

In den Sommerferien vor dem zweiten Schuljahr rettet er HP aus den Klauen der Dursleys und nimmt ihn mit zu sich nach Hause. Die Idee, mit dem verzauberten Ford des Vaters nach Hogwarts zu fliegen, war allerdings weniger gut. Neben allen anderem Ärger wird sein Zauberstab bei der Bruchlandung angeknackst und ist für den Rest des Schuljahres kaum zu kontrollieren (II 78). Das hindert ihn nicht daran, sich dauernd mit Malfoy anzulegen, der seinen Haß auf „Schlammblütler" kaum verbirgt. So ein kaputter Zauberstab kann aber leicht nach hinten losgehen, weshalb ein Malfoy zugedachter Schnecken-Hochwürg-Fluch Ron selbst trifft (II 117). Daß der tückische Zauberstab am Ende auf dem Weg zur Kammer des Schreckens dabei ist, hat jedoch sein Gutes: den feigen Lockhart erwischt sein eigener Vergessenheitszauber.

Im dritten Schuljahr wird die Freundschaft zwischen Ron und Hermine arg auf die Probe gestellt. Hermines Katze hat es auf Rons Ratte abgesehen und als sie diese auch tatsächlich verspeist zu haben scheint, sieht es so aus als ob sich nichts wieder gutmachen läßt (III 262ff.). Aber eine echte Freundschaft hält einiges aus, und so sind beide schon bald wieder vereint, wenn es gilt, Hagrids Hippogreif vor dem Henker zu retten. Als sich schließlich auch noch herausstellt, daß Hermines Kater unschuldig ist und Rons Ratte der Verräter Pettigrew, gibt es keinen Grund mehr für irgendwelche Verstimmungen.

Werwölfe, sind Menschen, die sich bei Vollmond in einen gefährlichen Wolf verwandeln. Professor Lupin ist von diesem Verhängnis betroffen, seit er als Kind gebissen wurde. Mit Hilfe des Wolfsbann-Tranks kann sich der Betroffene jedoch unter Kontrolle halten und

ist als Wolf harmlos (III 365). Das ändert nichts daran, daß die meisten Zauberer Werwölfen mißtrauen.

Wichtel, sind zwanzig Zentimeter große Biester, mit schrillen Stimmen. Eine kleine Horde von ihnen kann spielend ein Klassenzimmer in Sekunden völlig verwüsten (II 106f.).

Winkelgasse, ist eine Einkaufstraße in der Zaubererwelt, in die man durch eine Mauer im Hof des Tropfenden Kessels gelangt. Hier gibt es alles, was das Zauberer- und Hexenherz begehrt, von Aalaugen bis zu Zauberspruchfibeln, und natürlich die neuesten Besenmodelle (I 81).

Wolfsbann-Trank, nimmt ihn ein Werwolf eine Woche vor Vollmond zu sich, ist er während seiner Zeit als Wolf nicht mehr gefährlich (III 365).

Wood, Oliver, ist der Kapitän der Quidditch-Mannschaft von Gryffindor (I 167). Er trainiert HP und ist glücklich, endlich einen Sucher zu haben, mit dem er die Meisterschaft gewinnen kann. Nachdem das in den ersten beiden Jahren aufgrund unglücklicher Umstände nicht geklappt hat (einmal war HP beim entscheidenden Spiel in der Krankenstation, einmal fiel die Meisterschaft aus) hat Wood in seinem letzten Schuljahr in Hogwarts auch seine letzte Chance (III 150f.). Dank HP kann er sie auch nutzen und glücklich mit dem Quidditch-Pokal die Schule beenden.

Zauberer, und Hexen sind Menschen, die magische Fähigkeiten haben, im Unterschied zu den Muggels. Im finsteren Mittelalter wurden sie verfolgt, tragischerweise hat der Hexenwahn der Muggels allerdings nur sie selbst getroffen. Wenn ein wirklicher Zauberer oder eine Hexe verbrannt werden sollte, haben sie sich einfach mit Magie geschützt (III 5f.).

Zauberer haben ihre alltäglichen Probleme, wie Muggels auch, lösen sie nur etwas anders. Während diese z.B. telephonieren, schicken sie Eulen als Boten durch die Luft. Krankheiten heilen beide mit fragwürdigen Mixturen, nur wirken die Zaubertränke etwas schneller und durchschlagender. Im übrigen haben Zauberer einen guten Appetit. Wie im Schlaraffenland gibt es meist Berge von Essen, vielleicht brauchen sie die Energie für ihre magischen Kräfte.

Die Bereiche der Zauberer und Muggels gehören eigentlich zur gleichen Welt, nur verbergen die Zauberer einiges davon vor den Blicken der meisten Muggels. Die Grenze besteht nicht eigentlich im Raum, sondern im Kopf.

Zaubereiministerium, wird von Cornelius Fudge geführt. Seine Hauptaufgabe besteht darin, vor den Muggels die Welt der Hexen und Zauberer geheimzuhalten (I 74). So ist das Ministerium z.B. ständig damit beschäftigt, diejenigen, die Drachen gesehen haben, zu verhexen, damit sie es wieder vergessen (I 252). Die Abteilung für unbefugte Zauberei wacht auch streng darüber, daß Jugendliche bei den Muggels nicht zaubern. Sollte doch jemand Unsinn anstellen, muß die Abteilung für die Umkehr verunglückter Zauberei das wieder gutmachen (III 49). Das Büro für den Mißbrauch von Muggelartefakten wird von Arthur Weasley geleitet, der leider selbst allzu viel Freude am Verhexen von Muggelsachen hat.

Zauberschach, funktioniert genauso wie Muggelschach, nur daß die Figuren leben (I 217). Aus diesem Grund mögen sie es auch nicht, zu einem schlechten Spieler zu gehören, weil sie sich nicht gerne dauernd niedermachen lassen.

Seine Schachkünste kann Ron beweisen, als ein riesiges Schachspiel den Zugang zum Stein der Weisen versperrt. HP, Hermine und er spielen selbst als lebende Steine mit, und das bringt Ron einen unangenehmen Schlag auf den Kopf ein, als ihn die weiße Dame

schlägt. Zu ihrem Nachteil allerdings, denn Rons Figurenopfer setzt den Gegner schachmatt (I 306f.).

Zaubersprüche, es genügt nicht, sie nur zu kennen, man muß sie auch richtig aussprechen, damit sie wirken. Natürlich ist Hermine Granger darin eine Künstlerin, schließlich liest sie alle Bücher und ist pedantisch genug.

Hier eine kleine Auswahl an nützlichen Sprüchen:

Alohomora!: öffnet Türen.

Amnesia!: und man vergißt was man vielleicht schon immer lieber vergessen wollte (II 312).

Expelliarmus!: ein Entwaffnungszauber, sehr nützlich bei Duellen (II 198).

Lumos!: und der Zauberstab wird zur Taschenlampe; *Nox!:* knipst sie wieder aus (III 51).

Petrificus Totalus!: die Ganzkörperklammer, das arme Opfer ist völlig versteinert und somit außer Gefecht gesetzt (I 296).

Rictusempra!: ist ein Kitzelfluch. Harmlos, aber wirksam, um den Gegner kurzfristig außer Gefecht zu setzen (II 200).

Wingardium Leviosa!: befördert Gegenstände in die Luft (I 188).

Zauberstäbe, gibt es in unterschiedlichen Längen und Holzsorten. Mr. Ollivander hat in seinem Laden tau-

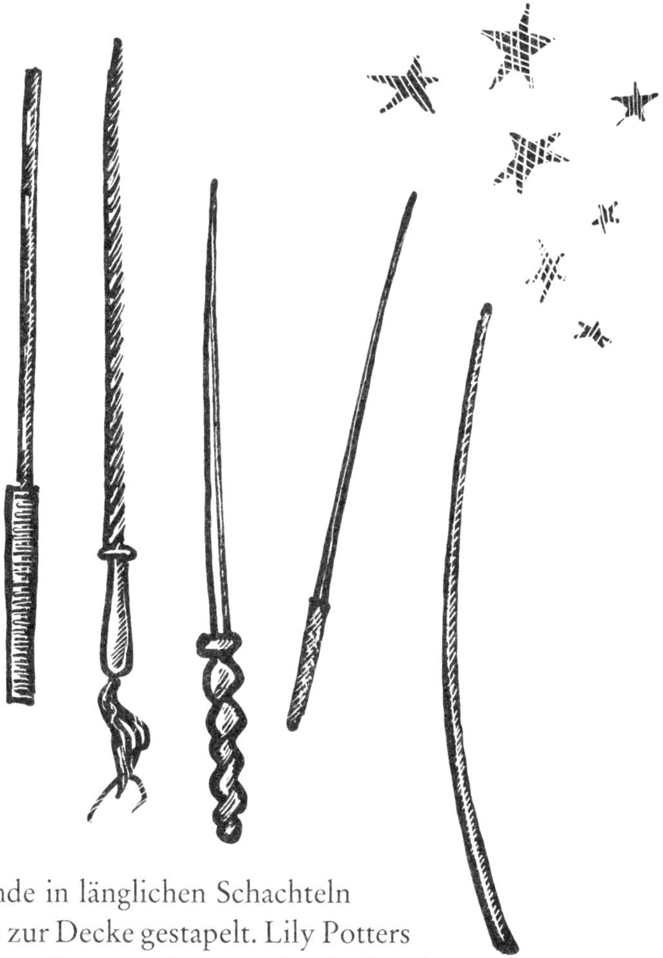

sende in länglichen Schachteln bis zur Decke gestapelt. Lily Potters erster Zauberstab war zehneinviertel Zoll und aus Weide, ein geschmeidiger Stab für eine bezaubernde Hexe. James Potter bevorzugte einen kraftvolleren Elf Zoll Stab aus Mahagoni, gut geeignet für Verwandlungen (I 93). Aber im Grunde wählt sich der Stab den Zauberer, nicht umgekehrt. Jeder Zauberstab von Ollivander hat einen Kern aus magischem Stoff: Einhornhaare, Schwanzfedern von Phönixen oder Herzfasern von Drachen (I 94).

HP's Zauberstab besteht aus einer ungewöhnlichen Verbindung: Stechpalme und Phönixfeder, elf Zoll lang. Der Phönix, dessen Schwanzfeder darin steckt, hatte nur noch eine andere Feder — und die ist im Stab von Voldemort (I 96).

Zaubertränke, im Unterschied zum „albernen Zauberstabgefuchtel" — wie sich Professor Snape ausdrückt — ist es die feinere magische Kunst, Zaubertränke zu bereiten, „die durch die menschlichen Venen kriechen, den Kopf verhexen und die Sinne betören." (I 151)

Es gibt für und gegen alles Tränke, z.B. zum Schutz gegen Feuer (schmeckt ziemlich eisig, I 311), als Schlafmittel (I 153), oder solche die einen in den ewigen Schlaf befördern.

Die Zubereitung von Tränken ist eine schwierige Wissenschaft, nicht nur weil man die Zutaten kennen, richtig dosieren und kochen muß, sondern weil sie vorher auch beschafft werden müssen. Manche Kräuter muß man bei Vollmond schneiden und woher bekommt man eigentlich Zweihornpulver?

Zeitumkehrer, ein winziges Stundenglas, das man sich an einer Kette um den Hals hängen kann (III 407f.). Jede Drehung versetzt die Zeit um eine Stunde zurück. Hermine hat dieses Wunderwerk von Professor McGonagall bekommen, um mehrere Fächer gleichzeitig belegen zu können. Viel wichtiger ist aber, daß HP und Hermine mit seiner Hilfe das Leben des unschuldigen Sirius Black (und nebenbei des Hippogreifs Seidenschnabel) retten können, indem sie die Ereignisse der letzten drei Stunden korrigieren.

Bei so einer Zeitreise muß man äußerst umsichtig vorgehen. Man sollte unter allen Umständen vermeiden, sich selbst zu begegnen. Es ist schon vorgekommen, daß dabei Zeitreisende ihr eigenes zukünftiges oder vergangenes Ich getötet haben (III 412). Außerdem schreibt die oberste Direktive vor, in keinem Fall die Vergangenheit zu ändern. Das Durcheinander, wenn ständig an der Zeitlinie herumgepfuscht würde, wäre kaum noch zu entwirren. Darum dürfen sich HP und Hermine bei ihrer Aktion in keinem Fall von irgendjemandem sehen lassen.

Zentauren, sind Wesen halb Mensch halb Pferd. Sie gehören zu den Bewohnern des Verbotenen Waldes. Versonnene, melancholische Naturen, die sich mehr für die Dinge am Firmament als in ihrer Nähe interessieren (I 276f.) Sie können in den Sternen lesen und kennen den zukünftigen Lauf der Dinge — vorausgesetzt sie deuten richtig, was sie am Himmel sehen. Daher mischen sie sich auch nicht gerne ein, denn alles geschieht, wie es geschehen muß (I 280).

Zum Tropfenden Kessel, ist ein kleiner, schmutziger Pub in London. Hier findet man Zauberer und Hexen versammelt, und im Hof befindet sich eine Mauer, durch die man in die Winkelgasse gelangt

(I 77f.). Der Gastwirt ist Tom, ein älterer Zauberer, der HP umsorgt, als dieser am Ende der zweiten Sommerferien hier zwei Wochen in Zimmer elf wohnt (III 52f.).

Die Seitenangaben beziehen sich auf die folgenden Bücher von Joanne K. Rowling:

I: Harry Potter und der Stein der Weisen

II: Harry Potter und die Kammer des Schreckens

III: Harry Potter und der Gefangene von Askaban

Die Welt von Harry Potter

„Harry Potter war in vielerlei Hinsicht ein höchst ungewöhnlicher Junge.“ (III 5) Ist er das wirklich? Der Erfolg der Harry-Potter-Geschichten beruht wohl zu einem guten Teil darauf, daß ihre Welt völlig vertraut, überschaubar und letztendlich naiv ist. Das mag verwundern, wo es doch von Hexen, Drachen, Werwölfen und solcherlei seltsamen Dingen nur so wimmelt. Aber eben diese Zauberwelt weicht keinen Zentimeter von unseren gängigen Vorstellungen, wie es dort denn so auszusehen hat, von allverbreiteten Phantasien und Wunschträumen ab. Wer dachte noch nicht daran, fliegen zu können, einen ungeliebten Zeitgenossen in ein Schwein zu verwandeln oder sich bequem die Morgenpost auf den Schoß fallen zu lassen? Und hier wie dort, in der Welt der Muggels und der der Zauberer, sind die Guten gut, die Bösen böse und die Mittelmäßigen mittelmäßig. Jeder ist, was er zu sein hat, immer schon war und sein wird.

Sprechende Bilder, lebende Spielfiguren, Tiere, die sich in irgendetwas verwandeln, auftauchen und wieder verschwinden – vieles erinnert hier an Alice im Wunderland. Aber gänzlich fehlt das Subversive, das bei Alice allein schon im genial hintergründigen Spiel mit der Sprache zum Ausdruck kommt. Harry Potter ist die Geschichte eines ganz normalen Jungen, der in die Schule geht, Freunde und Feinde findet, erwachsen wird und sich selbst entdeckt. Diese Entwicklungsgeschichte ist verknüpft mit dem Abenteuerlichen guter

Detektivgeschichten und angesiedelt in einer Welt der Phantasie, des Magischen und spielerisch Schaurigschönen.

Zwei Welten …

Neben der Welt unseres Alltags existiert die des Phantastischen, nicht getrennt durch Raum oder Zeit, und so ist sie eigentlich nicht daneben, sondern darin. Wir sehen sie nur nicht immer. Und wenn wir Muggels doch einmal eine Spur davon entdecken, dann sorgt das Zaubereiministerium dafür, daß wir es wieder vergessen. Warum? Die Zauberer wollen ihre Ruhe vor uns, und wir wollen unsere Ruhe vor ihnen und von solchen Dingen nicht wirklich etwas wissen.

Die Ordnung der heilen Welt der Familie Dursley ist an ihren Grenzen bedroht vom Chaos, das hereinzubrechen sich anschickt, wenn sie Harry nicht einsperren, zum Schweigen bringen, am besten ignorieren. Zwei Welten bestehen hier ineinander, die doch nicht vereinbar sind, weil jede die Ordnung der anderen in Frage stellen würde.

Die Geschichten fordern uns auf, nicht im spießigen Einerlei unseres Durchschnittsverstandes sitzen zu bleiben, sondern mit einer Welt zu spielen, in der wir Dinge Wirklichkeit werden lassen können, die wir uns ansonsten nur erträumen. Aber sie stellen nirgends die Ordnung in Frage. Im Gegenteil wacht – stellvertretend für unser rationales Ich – das Zaubereiministerium genauestens darüber, daß nirgends der Lauf der Muggelwelt durcheinander gebracht wird, etwa durch einen Zauberer, der so frech wäre, ein bißchen Chaos zu stiften. Umgekehrt ist auch in der Zaubererwelt Gut und Böse klar festgelegt. Wer sich der dunklen Seite der

Magie ergibt, mit Mächten einläßt, die nicht mehr kontrollierbar sind, wird ausgeschlossen, eingesperrt und den Wachen von Askaban überlassen, die ihm die Seele aussaugen, die zu weit dem Reiz des Verbotenen erlegen ist.

Es ist charakteristisch für die Erzählweise der Harry-Potter-Geschichten, daß sie von beiden Seiten aus den Blick auf die jeweils andere Welt wirft, ohne daß es tatsächlich zu einer Beeinflussung und gegenseitigen Befruchtung käme. Harry, der bei den Muggels aufgewachsen ist, lebt nun – auch innerlich – völlig in Hogwarts, und sein Aufenthalt in der Muggelwelt erscheint als bloße Wartezeit der Sommerferien, die von den ermüdend immer gleichen Ritualen gekennzeichnet ist.

Während die Zaubererwelt uns durch Harrys Augen immer vertrauter wird, erscheinen die Handlungen der Muggels immer verfremdeter und zumindest in den Personen der Dursleys ins Groteske gesteigert. Der Blick auf die noch fremde Welt des Phantastischen ermöglicht, die eigene Welt mit anderen Augen zu sehen. Sie vielleicht mit einem lächelnden Auge zu sehen, nicht aber, sie zu verändern.

… und die gleichen Probleme

Zauberer und Muggels haben die gleichen Probleme, sie lösen sie nur anders. Während die einen telephonieren, versenden die anderen Eulenpost. Man muß nur umdenken, die Welt mit anderen Augen sehen und von den gewohnten Verhaltensweisen loskommen. Als Hermine – eine begabte Hexe aus einer Muggelfamilie – eine Schlingpflanze mit Feuer bekämpfen soll, sucht sie nach Holz. Ron – aus einer alten Zaubererfamilie – muß ihr erst den Kopf zurechtrücken: „Bist du verrückt geworden? … Bist du nun eine Hexe oder nicht?" (I 302)

Hogwarts ist eine Welt anderer Möglichkeiten, die man sehen und ergreifen muß, aber nicht die einer anderen Ordnung. Vielleicht macht das die Harry-Potter-Geschichten so eingängig, daß der Leser sich nicht wirklich in eine neue Welt hineindenken muß, die ihn vor neue Herausforderung stellt. Hier gibt es Lösungen für Probleme, die wir uns erträumen, wenn wir ganz leicht, bloß mit unseren Gedanken, tun könnten, was wir wollen, und – wenn wir den Mut dazu hätten.

Die Aufrechterhaltung der ganz gewöhnlichen Ordnung ist wohl ein Erfolgsgeheimnis der Geschichten. Zauberer feiern zu Weihnachten christliche Weihnachten und nicht etwa ein uraltes heidnisches Fest, sie vergnügen sich am Valentinstag, wie es sich für gute Briten gehört, und nicht in der Walpurgisnacht. Gezaubert wird in Lateinisch, der Sprache des romantischen Mittelalters, und ein europäischer Zauberer fliegt eben einen Besen, nicht etwa einen Teppich, wie Mr. Dursley meint (I 100), der sich damit auch gleich als Barbar brandmarkt.

Auch der Aufbau des Erzählstrangs folgt dem Konzept des Wiedererkennungswertes: Sommerferien mit den immer gleichen Dursleys, in die aber irgendwie die Vorboten des kommenden Abenteuers schon hineinscheinen. Beschreibung des Schulalltags, einschließlich des unerläßlichen Quidditch-Spiels, in dessen Verlauf nach und nach die Spuren gelegt werden und die Ereignisse zum Höhepunkt treiben, bis in den letzten Kapiteln in guter Agatha-Christie-Manier alles zugleich aufgelöst wird. Eine Variation bietet der vierte Band, der mit einem „Knall“ beginnt. Zum Ausgleich dafür ist der Mittelteil um so ausgedehnter.

Der vertraute Rahmen eröffnet die Möglichkeit, schaurige bis grausame Szenen einbauen zu können, die für Kinder beängstigend sind, aber durch den Halt im bewährten Ganzen nicht nachhaltig verstören. Er bildet auch den Hintergrund für die jugendlichen Helden, sich in Bereichen bewähren zu können – im Kampf gegen Verbrecher, dunkle Mächte, heimtückische Zeitgenossen –, die sonst den Erwachsenen vorbehalten wären. Alles, was dazu gehört, ist Mut, Klugheit und Phantasie.

Die Hölle der Mittelmäßigkeit

Zu einer Welt, in der es darauf ankommt, neue Situationen zu meistern, seine eigenen Fähigkeiten zu entdekken und Phantasie zu beweisen, gehört als Gegenbild das Reich der Mittelmäßigen, Spießigen und Einfallslosen. Zur Strafe sitzen sie in ihrer eigenen Hölle, und die heißt Ligusterweg 4.

Hier schmoren sie im Saft ihrer Dummheit, werden fetter und träger. Die Sommerferien sind so sehr in immer gleichen Schablonen gezeichnet, der Charakter der Dursleys ist von jeder Entwicklung so weit weg, daß man sich wünschen mag, Harry würde seine Sommerferien endlich nicht dort verbringen. Könnte das nicht anders sein? Wohl nicht. Die Hölle, das ist vor allem die Langeweile des immer Gleichen, in unendliche Zeit wiederholt. Sie wird gebraucht als Kontrast zu den Abenteuern in Hogwarts, sie ist ein „running gag", der einen Wiedererkennungswert hat: die Dursleys sind dusslig, Dumbledore ist weise und Voldemort böse.

Zuweilen blitzt aber auch in dieser Hölle der Mittelmäßigen etwas von Größe auf, dann, wenn Mr. Vernon Dursley sich in den Haß auf Harry und alles Magische so hineinsteigert, daß der Irrsinn in ihm aufleuchtet, „mit einem dämonischen Glimmen in den kleinen Augen" und „wie ein Wahnsinniger lachend" (II 24, 26). Die Schilderung schlägt dann bis ins Groteske um, z.B. wenn er einfach so ein Gitter parat hat, um aus dem Zimmer einen Kerker zu machen und eine Katzenklappe einbaut, durch die das Essen geschoben wird. Kein

Zweifel, Mr. Dursley ist Voldemort, ein Voldemort der Banalität, bereit, seine Welt zu verteidigen. Eine Welt ohne Geschichte und Entwicklung.

Zu-sich-selbst-Kommen

Zu Beginn der Erzählungen ist Harry ein Junge ohne Vergangenheit. In der Zaubererwelt ist sein Name zwar berühmt, aber dem Namen fehlt noch die Persönlichkeit. Der Kunstgriff, Harry bei seinen Pflegeeltern aufwachsen zu lassen, die ihm nichts über seine wirkliche Herkunft und die Ereignisse beim Tod seiner Eltern sagen, ermöglicht es, ihn im Alter von elf Jahren praktisch bei Null anfangen zu lassen. Von nun an beginnen seine Lehrjahre, die enden werden, wenn er volljährig ist und mit 18 die Schule verläßt.

Sein elfter Geburtstag ist in jeder Hinsicht eine Wiedergeburt, das Erwachen aus einem Larvenstadium. Der Kontrast zwischen seinem früheren Leben und seinem Zaubererdasein wird so auch in aller Klischeehaftigkeit gezeichnet: Bei den Muggels war er ein Ausgestoßener, ein giftiges Insekt, bei den Zauberern ist er eine Berühmtheit, die jeder kennt und (fast) jeder verehrt. Mußte er dort im Schrank bei den Spinnen hausen, hat er nun ein Himmelbett im Schloss. Und wenn ihn die Dursleys hungern ließen, so gibt es nun Berge von Leckereien, wie im Schlaraffenland.

Diesem Kontrast entspricht das, was von Harry selbst abverlangt wird. Mußte er bei den Dursleys unauffällig sein, den Mund halten und durfte keine eigenen Ideen entwickeln, so wird in der Zaubererwelt Mut, Einsatz, Phantasie und Entfaltung der eigenen Kräfte gefordert.

Um er selbst zu werden, muß Harry zwei Fäden miteinander verknüpfen: Die allmähliche Entdeckung seiner Vergangenheit und das Hineinwachsen in die Zukunft. Beides ähnelt einem Detektivspiel.

Das Bild seiner Vergangenheit vervollständigt sich nach und nach wie ein Puzzle. Warum setzt sich Dumbledore nicht an einem ruhigen Nachmittag mit ihm hin und erzählt ihm, was es über seine Eltern, die Freunde seiner Eltern und ihn selbst zu sagen gibt? Er erfährt es stückweise, aus einer Bemerkung hier und einer Bemerkung dort, aus Gesprächen, die er zufällig belauscht. Dies ist aber nicht nur ein geschickter dramaturgischer Schachzug für den Leser, sondern folgt dem Gesetz seiner inneren Entwicklung.

Harry muß erst reifen, um zu sich selbst zu kommen. Jedes Wissen hat seine Zeit. Dumbledore, der weise Ratgeber, bleibt im Hintergrund. Von Zeit zu Zeit gibt er einen Hinweis, der Harry weiterführt, aber keine Lösung. Und so muß er sich gedulden, bis sich aus den Bruchstücken eine Geschichte formt, die doch nie vollständig ist.

„Gleich das Erste, was du mich fragst, kann ich dir nicht sagen. Nicht heute. Nicht jetzt. ... wenn du bereit bist, wirst du es erfahren.“ (I 324)

Zumindest darin ist Harry ein ungewöhnlicher Junge. Sein ihm noch offenes Herkommen läßt auch offen, wohin sein Weg führen wird. Malfoys alte Zaubererfamilie bietet einen festen Hintergrund auf eine Weise, wie die von Ron auf eine andere. Beide sind aber dadurch in ihrer Entwicklung statischer. Das Geheimnis, das Harry umgibt, und das nicht von ihm gewählt ist, macht ihn sich selbst zum Geheimnis, zum Rätsel, das er lösen muß.

Im Verlauf seines Erwachsenwerdens erhält er dabei immer mehr Freiraum und übernimmt größere Verantwortung. Während in den ersten beiden Bänden Verstöße gegen die Schulregeln noch als schwerwiegendes Problem erscheinen, kann er im dritten massenweise Regeln mißachten, ohne daß irgendwelche Konsequenzen gezogen würden. Und während seine ersten beiden Abenteuer nur dank Dumbledores Eingreifen für ihn gut ausgehen, sind die Erwachsenen nun eher selbst hilfebedürftig: Black ist auf der Flucht, Lupin mit dem Verhängnis behaftet, ein Werwolf zu sein, und es ist Harry, der beide an die Regeln erinnern muß, als sie Pettigrew einfach töten wollen. Am Ende ist es auch Harry, der sich selbst vor den Dementoren beschützt.

Der ständige Begleiter auf seinem Weg ist die Konfrontation mit der eigenen Angst. Die Angst vor dem, was in der Vergangenheit verborgen ist, und dem, was die Zukunft bringt. Aber er wird lernen, daß es nicht die Dinge sind, vor denen wir Angst haben, sondern die eigenen Möglichkeiten, und daß wir der Angst entgegentreten müssen, um zu handeln und selbst zu werden. Oder wie Lupin, der Lehrer gegen die dunklen Künste, es ausdrückt:

„Das heißt, wovor du am meisten Angst hast – ist die Angst. Sehr weise, Harry.“ (III 163)

Die Fäden des Schicksals

Im noch dunklen Hintergrund von Harrys Geschichte wartet etwas Schattenhaftes, Drohendes, Unbegreifbares: Was verbindet ihn mit Voldemort? Welcher magische Zusammenhang hat ihr Schicksal miteinander verknüpft: Wo er ist, ist Voldemort, und wo Voldemort ist, ist Harry Potter. Ohne zu wissen, was er alles entdecken wird, lernt er, daß die Übernahme der eigenen Geschichte auch die Auseinandersetzung mit Seiten des Selbst bedeuten kann, die noch dunkel sind und von denen man nicht wissen kann, wohin sie führen. Der Sprechende Hut weiß dies:

„Du könntest groß sein, weißt du, es ist alles da in deinem Kopf, und Slytherin wird dir auf dem Weg zur Größe helfen.“ (I 134) Und noch später bestätigt er: „Ich bleibe bei dem, was ich schon gesagt habe, dir wäre es in Slytherin gut ergangen.“ (II 215)

Harry hat sich gegen Slytherin, gegen die andere Seite in ihm entschieden. Aber diese Entscheidung muß sich immer wieder bewähren, immer wieder getroffen werden.

„Viel mehr als unsere Fähigkeiten sind es unsere Entscheidungen, die zeigen, wer wir wirklich sind.“ (III 343)

Das Böse ist präsent, aber nicht nur als äußerer Feind, gegen den man kämpft, sondern als eigene Möglichkeit. Die Anhänger Voldemorts haben wieder die Seiten gewechselt, nachdem ihr Meister verschwunden ist, geschwächt und nur noch ein Schatten seiner selbst.

Angeblich seien sie verhext worden und wie aus einer Trance erwacht. In Wirklichkeit, so darf man annehmen, haben sie sich nur allzu willig verführen lassen. Leute wie die Malfoys, die aus der Herabwertung anderer ihr Selbstbewußtsein beziehen. Oder Kreaturen wie Pettigrew, dessen Verwandlung in eine Ratte nur seinem inneren Zustand entspricht. Die Übernahme der Macht durch Voldemort ist kein Akt der Gewalt, sie symbolisiert die Verführbarkeit durch das Böse.

Jedes Jahr ein neuer Lehrer für Verteidigung gegen die dunklen Künste – die Stelle scheint Unglück zu bringen. Quirrell ist der dunklen Macht erlegen, Lockhart der Verlockung des schönen Scheins und Lupin, der beste Lehrer, weiß an sich selbst, wogegen er zu kämpfen hat. „Wer mit Ungeheuern kämpft, mag zusehen, daß er nicht selbst zum Ungeheuer wird", und das gilt auch für Harry.

Obwohl aber die Verlockung des Bösen immer präsent bleibt, gibt es doch keinen eigentlichen inneren Kampf der Charaktere. Voldemort ist böse, seine Anhänger sind schwach, und Harry ist entschieden in seinem Weg. Ein tragischer Konflikt gehört nicht in das Bild dieser Welt. Es gibt keine Personen, die sich an ihrem Schicksal abarbeiten und scheitern. Und weil es kein Scheitern gibt, gibt es auch kein eigentliches Gelingen. Es gibt nur: so sein, wie man ist, oder sich entwickeln und reifen zu dem, was man ist.

Das Band der Magie

In der Welt der Zauberer ist alles mit allem auf geheimnisvolle Weise verknüpft. Hier herrschen nicht Zufall oder mechanische Kausalität, sondern geistige Kräfte. Wenn ein Zauberer glaubt, sich einen Zauberstab zu wählen, so hat ihn umgekehrt der Zauberstab schon längst gewählt. Und also ist es auch nicht zufällig, wenn ein Werwolf Wolf und eine Wahrsagerin Sybille heißt: der Name sucht sich seine Person.

Wo alles in einem geistigen Zusammenhang steht, ist auch nichts unbelebt, zumindest kann es jederzeit lebendig werden. Ein „toter" Stein ist nur ein Stein, der schläft. Bücher haben ihre eigene Seele, sie schreien oder beißen. Ein Bild ist die magische Gegenwart des Abgebildeten und daher kann er sich bewegen, verschwinden, in anderen Bildern auftauchen. Personen können sich in andere Personen oder Tiere verwandeln, weil alles von einer Kraft getragen wird, die sich nur in vielerlei Gestalten zeigt.

Zaubern lernen, so dürfen wir vermuten, heißt dann nichts anderes, als uns geistig so weit zu entwickeln, daß wir das sonst unsichtbare Gespinst von Kräften, die die Welt durchziehen, sehen können und unseren Platz in ihrem Wirkgefüge wählen. Zauberstäbe und -sprüche sind nur äußerliche Hilfsmittel, die der Konzentration dienen. Eine Leiter, die man wegwirft, wenn man sie nicht mehr braucht. Dumbledore benötigt keinen Tarnumhang, um unsichtbar zu werden. Aber die höchste Stufe, die keinerlei Hilfsmittel und körperlicher Dinge mehr bedürfte, wird vielleicht von niemandem erreicht.

In einer solchen Welt geht nichts von dem verloren, was jemand tut. Rettet einer das Leben eines anderen, dann sind die Schicksalsfäden beider von nun an miteinander verknüpft, ob sie das wollen oder nicht. Auch das Böse verschwindet nicht einfach aus der Welt. Voldemort existiert als grauenerregende Gestalt im Schattenreich seines Zwischendaseins: zu wenig Mensch, um zu sterben, zu schwach um Mensch zu sein. Da aber sein Schicksal untrennbar mit Harry Potter verknüpft ist, wird er leben, solange es beide gibt.

Inhalt